LES MYSTÈRES

DU

MONT-DE-PIÉTÉ

PAR

ERNEST CAPENDU.

2

PARIS
ALEXANDRE CADOT, ÉDITEUR
37, RUE SERPENTE, 37.

LES MYSTÈRES
DU MONT-DE-PIÉTÉ.

OUVRAGES D'ERNEST CAPENDU.

Les Mystères du Mont-de-Piété............	6 vol.
Le capitaine Lachesnaye..................	11 vol.
Surcouf..................................	2 vol.
Les Rascals..............................	4 vol.
Marcof le Malouin........................	8 vol.
Le Pré Catelan...........................	3 vol.
Mademoiselle La Ruine....................	5 vol.
L'Hôtel de Niorres.......................	6 vol.
Bamboula.................................	4 vol.
Les Mystificateurs.......................	1 vol.
Les Colonnes d'Hercule...................	1 vol.

Imprimerie de E. Dépée, à Sceaux.

LES MYSTÈRES

DU

MONT-DE-PIÉTÉ

PAR

ERNEST CAPENDU.

2

PARIS
ALEXANDRE CADOT, ÉDITEUR
37, RUE SERPENTE, 37.

1861

LES

MYSTÈRES DU MONT-DE-PIÉTÉ.

Première partie.

LE PLUS BEAU JOUR DE LA VIE.

XIII

L'avocat.

— J'avoue, — reprit Lambert, — que ce que venait de me révéler madame Raymond m'avait causé une impression tellement vive, que toute autre pensée s'était effacée de mon cerveau.

J'avais oublié complètement et l'aventure

de la veille au soir, cause secondaire de l'aveu que venait de me faire ma visiteuse, et les soupçons que j'avais eus d'abord sur la situation sociale de madame Raymond.

Quand mon interlocutrice eut achevé, elle se leva en me demandant la permission de se retirer et la promesse de ne pas divulguer la part qu'elle avait à la révélation que j'avais entendue.

Je ne pus obtenir d'elle aucun autre renseignement et elle partit.

Demeuré seul, je réfléchis profondément à ce que je venais d'entendre, puis, prenant mon chapeau, je me rendis chez Luceval...

— Notre ancien compagnon d'étude? — interrompit Charles.

— Oui.

— Qui est devenu l'un de nos avocats les plus distingués et les plus célèbres?

— Précisément.

— Tu voulais lui raconter ton affaire.

— Naturellement.

— Et que te dit-il?

— Il me demanda si je croyais à la réalité de la dette, si j'avais eu quelque indice de ce fait, si dans les papiers de mon père je n'avais rien trouvé qui pût me renseigner.

Je lui dis que jamais, jusqu'alors, je n'avais pu supposer que mon père fût débiteur, à sa mort, d'une somme en dehors des dettes que lui connaissait mon tuteur.

— Mais, — me dit-il, — la supposition de cette dette de cinquante mille francs est-elle admissible ?

— Sans doute, — répondis-je, — si les choses se sont passées ainsi que cela m'a été raconté.

— Le croyez-vous ?

— Non, mais cependant je ne puis nier la possibilité que cela soit.

— Et dans ce cas, que feriez-vous ?

— Dans le cas où mon père eût été réellement débiteur ?

— Oui. Quelles seraient vos intentions ?

— Je n'aurais même pas un procès.

— Ah !

— Je n'attendrais même pas un premier papier timbré.

— Que feriez-vous ?

— Si j'avais la conviction, sans qu'il se mêlât un seul doute à cette conviction, que mon père eût bien emprunté cette somme et qu'il mourut sans avoir eu le temps de constater cet emprunt sur ses livres, je n'hésiterais pas : je payerais.

— Vous payeriez ?

— Sans aucun doute.

Luceval me prit la main :

— Vous êtes un honnête homme ! — me dit-il.

— Je ne ferais que mon devoir, — répondis-je. — Si mon père devait, la somme dont j'ai hérité ne m'appartenait pas. Elle était la propriété d'un autre. Cette somme a été gaspillée par moi depuis longtemps, il est vrai, mais je ne la devrais pas moins.

Heureusement encore, — ajoutai-je, — si cette créance est sérieusement valable, que je suis en mesure aujourd'hui de la rembourser.

Si ce qui arrive maintenant était arrivé il y a trois ans, à l'époque où j'avais englouti mon patrimoine, je serais mort de honte et de douleur, car, par ma faute, j'aurais voué à l'infamie la mémoire de mon père.

— Donc, — reprit Luceval, — si la dette est prouvée?

— Je la reconnais.

— Et vous payez?

— Je paye.

— Alors il ne s'agit plus que d'une chose: demander et obtenir les preuves de cette créance sur votre père.

— C'est cela même.

— Il y a deux façons d'agir.

— Lesquelles ?

— Attendre que vos créanciers par substitution commencent l'attaque...

— Inutile.

— Bien ! Alors, l'autre façon : les prévenir et aller au-devant d'eux.

— C'est mon avis.

— Très-bien.

— N'est-ce pas aussi le vôtre?

Luceval sourit :

— Comme avocat, — répondit-il, — je devrais dire non, mais comme ami et comme honnête homme je ne puis que vous approuver et vous dire : faites.

Je me levai.

— Où allez-vous? — me demanda Luceval.

— Chez ces deux hommes.

— Ah! — fit-il vivement, — cela serait une fausse démarche. Vous êtes censé ne rien savoir.

— C'est vrai, — dis-je.

— D'ailleurs ce n'est pas à vous qu'il appartient d'aller vers eux.

— Et à qui donc ?

— A moi.

— A vous ?

— Sans doute. Je suis votre conseil, votre ami, votre homme d'affaires même, et j'agis en votre nom. Il ne serait pas convenable que vous vous mêlassiez personnellement au commencement de cette affaire. Laissez-moi faire ; donnez-moi carte blanche ; le voulez-vous ?

— Volontiers ! à condition que vous ne

compromettrez en rien madame Raymond?

— Je vous le promets.

— Donc, alors, agissez.

Luceval me serra la main.

— Comptez sur moi, — me dit-il.

— Vous avez pleins pouvoirs.

— Alors, nous sommes aujourd'hui mardi, à samedi. Il me faut bien quatre jours pour examiner le terrain, et savoir si nous avons affaire à d'honnêtes créanciers ou à de hardis exploiteurs.

— A samedi, — dis-je.

— Oui, si j'ai du nouveau je vous écrirai d'ici là.

Je quittai Luceval à demi inquiet des suites de l'événement, bien que je me berçasse encore d'une erreur de la part de madame Raymond ou de ceux dont elle m'avait parlé.

Le reste de la semaine s'écoula sans que je reçusse aucune lettre de mon ami.

Le samedi, j'allai chez lui à l'heure convenue.

— Eh bien ! — lui dis-je.

J'avoue que mon cœur battait dans ma poitrine un peu plus fort que de coutume, en lui adressant cette interrogation que je formulai cependant du ton le plus dégagé.

— Eh bien, — me répondit-il avec un sourire assez peu joyeux. — Eh bien ! asseyez-vous.

Le début était peu satisfaisant.

— Vous avez vu M. Raymond? — repris-je.

— Et son frère ou plutôt son beau-frère, — répondit Luceval, — car M. Julien David est le propre frère de madame Raymond.

— Quelle espèce de gens ?

— Ordinaires, mais parfaitement convenables.

— Et vous avez causé?

— Nous avons causé.

Il y avait dans le ton avec lequel me répondait Luceval une contrainte visible, un embarras visible.

Je devinai l'annonce d'un malheur dans cette gêne manifestée par mon ami.

— Cher Luceval, — lui dis-je, — parlez-moi clairement, nettement. N'ayez pas peur de m'affliger, ne croyez pas que je me laisse abattre.

Si vous avez une mauvaise nouvelle à me donner, donnez-la moi sans me faire plus languir, car la réalité la plus douloureuse est cent fois préférable à l'incertitude.

Parlez-moi sans hésiter, je vous en conjure.

— Eh bien! mon cher Lambert, — reprit Luceval, — madame Raymond est une honnête femme...

— Ainsi elle ne m'a pas trompé ?

— En aucune manière.

— Tout ce qu'elle m'a appris est vrai ?

— Parfaitement vrai.

— Mon père devait cinquante mille francs?

— Je ne puis plus en douter.

— Et les héritiers de M. Verneuil, le créancier de mon père, sont bien MM. Raymond et Julien David?

— Ce sont bien les neveux en faveur desquels il a testé.

— Très-bien, — fis-je en contenant une émotion bien naturelle.

— Mais, — dit aussitôt Luceval, — la partie n'est pas encore perdue si vous le voulez.

— Comment cela.

— On peut plaider.

— Plaider quoi? La dette est-elle réelle ou fausse?

— Elle est réelle, je le crois.

— Eh bien, alors?

— On peut toujours plaider. Les intérêts seuls valent la peine d'être discutés.

— Il n'y a qu'une discussion possible. — dis-je avec fermeté, (car telle était ma conviction sincère), — la dette est-elle valable ou ne l'est-elle pas? Si elle ne l'est pas, plaidons, dussé-je manger mon dernier centime dans un procès ruineux. Si elle l'est, au contraire, je cesserais d'être le fils de mon père; d'avoir le droit de porter le nom sans tache qu'il m'a laissé, en hésitant à solder son créancier de la façon la plus complète et la plus absolue! Je suis ruiné si je paye, je le sais bien, mais si M. Verneuil a eu jadis confiance en mon père, je dois compte de cette confiance aux héritiers d'un généreux ami. Donc je serai ruiné, mais je payerai.

— Reconnaîtriez-vous l'écriture de votre père ? — me demanda Luceval.

— Parfaitement, — répondis-je.

— Cependant vous étiez bien jeune quand il est mort.

— J'ai de nombreuses lettres de lui que je conserve comme précieux souvenirs.

— Ces lettres sont-elles de la même date que le reçu en question ?

— Il y en a de cette année là.

— L'écriture sera facile à constater alors et c'est une question d'experts.

— Écoutez, Luceval, — repris-je en me levant, — je n'ai qu'une chose à faire : — Si mon père devait, payer ! payer tout ! capital et intérêts ! Je remets entre vos mains mes intérêts, vous connaissez ma volonté, agissez en conséquence.

— Eh bien? — fit Charles en voyant Lambert s'arrêter de nouveau.

— Eh bien ! — répondit le jeune homme, — Luceval se chargea de tout, et comme il me fut bien prouvé que mon père devait réellement et que j'avais été illégal détenteur, moi, d'une somme ne m'appartenant pas, de laquelle somme j'avais joui et laquelle même j'avais gaspillée, je payai avec l'argent que j'avais nouvellement gagné dans les affaires, et j'acquittai avec une orgueilleuse satisfaction la dette de mon père.

— On exigea tout ?

— Tout absolument, jusqu'aux centimes.

— De sorte que tu déboursas ?

— Cent quarante-sept mille francs.

— Mais tu étais ruiné ?

— Complètement, ou à peu près.

— Que te restait-il ?

— Vingt et quelques mille francs.

— Alors ?

— Alors je voulus m'étourdir pour oublier mon désastre et je résolus de recommencer, grâce à la spéculation, une nouvelle fortune.

— Tu perdis ?

— Non ! je gagnai encore. Un coup heureux me fit doubler mon capital en moins d'un mois. J'avais tout risqué. Je jouais quitte ou double et la chance fut pour moi.

— Décidément tu étais heureux au jeu.

— Oui, mais je devais justifier le proverbe dans sa contre-partie.

— Ah ! ah ! il y eut de l'amour ?

— Hélas !

— Je devine ! tu aimas la belle madame Raymond.

Lambert ne répondit pas : un pâle sourire éclaira sa physionomie fatiguée.

— Deux fois, — reprit-il après un silence, — M. Raymond et son beau-frère étaient venus me rendre visite, mais, par une étrange fatalité, ils ne m'avaient pas rencontré.

— Pourquoi : par une fatalité étrange? — demanda Charles avec étonnement.

— Parce que s'ils m'eussent trouvé une première fois et qu'ils m'eussent exprimé leurs remercîments sur ma manière d'agir.

ainsi que cela était naturel, les choses en fussent restées là bien certainement : la stricte politesse n'exigeant pas que je rendisse une visite faite pour un tel motif et dans de telles conditions.

Malheureusement, je le répète, il n'en fut pas ainsi, et comme, à ces deux visites sans résultat, ces messieurs joignirent l'envoi d'une lettre des plus flatteuses pour me demander mon jour et mon heure, je dus, afin d'agir en galant homme, les prévenir cette fois et me rendre près d'eux.

Ce fut ce que je fis.

M. Raymond habitait avec sa femme et son beau-frère, une petite maison charmante, bâtie entre cour et jardin, et située sur le boulevard extérieur, à deux pas de la barrière Blanche.

Rien de coquet à l'œil, de frais, d'attrayant comme ce modeste et pittoresque logis.

Lorsque je me rendis chez eux, je remontai la rue d'Amsterdam et tu penses si mes souvenirs furent évoqués sur les lieux mêmes, et si les moindres détails de la rencontre nocturne qui avait précédé ma ruine me revinrent à l'esprit.

Je revis nettement tout ce qui s'était passé : et ma rencontre avec la belle inconnue, et mes premières tentatives de séduction, et l'arrivée du manant, et le duel à la canne, et enfin, sur la petite place de la barrière, mes lèvres s'ouvrirent d'elles-mêmes, car il leur sembla un moment avoir encore sous leur douce pression le front blanc et pur qu'elles avaient effleuré.

Lorsque j'arrivai à la porte de la maison qu'habitait madame Raymond, j'étais encore tout ému.

Je te le répète, l'aspect charmant de ce nid gracieux produisit sur moi une émotion dont je ne pus me rendre compte.

D'une main timide, j'agitai la chaînette appendue le long du pilier.

Un nègre, en petite livrée de bonne maison, vint m'ouvrir.

— Un nègre ! — s'écria Lambert. — Peste !

c'était donc un nabab déguisé que ce M. Raymond.

— Il avait ramené ce nègre des Colonies, — répondit Lambert.

— Bref, le nègre t'ouvrit et tu entras.

— J'entrai !

XIV

La maison de la barrière Blanche.

— Je traversai la petite cour, — continua Lambert, — et je pénétrai dans un vestibule élégant sur lequel descendait l'escalier.

Ce vestibule, qui traversait la maison de part en part et qui la perçait à jour, communiquait par deux perrons, d'un côté avec la cour, de l'autre avec le jardin.

Nous étions au printemps, au mois d mai, il faisait un temps magnifique, le soleil était chaud, l'air embaumé par les senteurs enivrantes émanant de la nature au premier travail de la sève.

Les deux portes du vestibule étaient ouvertes, de sorte qu'en mettant le pied sur la marche la plus élevée du perron de la cour, je découvris, en face de moi et en contrebas, le petit jardin dans toute son étendue.

Puis, au milieu des touffes de feuillage naissant, j'aperçus une jeune femme en peignoir blanc flottant autour d'elle.

C'était madame Raymond, plus belle, plus séduisante cent fois que le jour où je la rencontrai dans la rue d'Amsterdam, que le jour où je la reçus chez moi.

Je la reconnus au premier coup d'œil.

Elle me reconnut aussi, car elle fit au-devant de moi quelques pas rapides.

Nous nous rejoignîmes sur le perron du jardin.

Depuis un moment son visage avait subi une métamorphose complète, absolue.

De frais, de joyeux, de calme qu'il était à l'instant où je le contemplai, il était subitement devenu livide, bouleversé, empreint d'un sentiment de douloureuse stupéfaction.

— Vous ici ! — me dit-elle d'une voix étouffée.

— Sans doute,— répondis-je, fort étonné par cette singulière réception à laquelle j'étais loin de m'attendre, après la façon dont j'avais agi.

— Oh ! pourquoi êtes vous venu !

Il y avait dans l'accent avec lequel furent prononcées ces paroles, un reproche tellement amer, une crainte tellement vive que j'allais, bien certainement, provoquer une explication, lorsqu'une porte s'ouvrit derrière moi dans le vestibule.

Madame Raymond me lança un rapide regard, je me retournai ; un grand homme sec, au visage jaune, aux yeux enfoncés, me saluait avec une exquise politesse.

C'était M. Raymond.

Après les compliments d'usage, le maître du logis me fit passer dans son salon et me présenta à son beau-frère.

Julien David pouvait avoir trente-cinq ans, et ressemblait en laid à sa charmante sœur.

C'était un de ces hommes dont on dit vulgairement : *il n'est ni bien, ni mal,*

Sa physionomie était absolument dénuée de mouvement et d'animation.

Elle avait la froideur, la stoïcité apparente de celle de la brute.

Cependant lui et son beau-frère se montrèrent envers moi aussi charmants et aussi empressés qu'ils pouvaient l'être.

Ils ne tarirent pas sur la grandeur, la générosité, la magnanimité de ma conduite.

Les éloges, les louanges, les flatteries formèrent à mes oreilles, durant toute cette visite, le plus agréable concert.

La louange et la flatterie ont cela d'horriblement dangereux que, de quelque bas qu'elles partent, elles arrivent toujours rapidement et directement.

Ce que j'avais fait était bien, je le savais,

et je trouvais naturel que ceux qui avaient profité de mon élan généreux m'en sussent gré et m'en remerciassent, mais je n'avais pas le droit d'être placé, pour cela, sur un piédestal...

— Et cependant tu t'y laissas mettre ! — interrompit Charles.

— Qui, à ma place, eût résisté à l'érection? — dit Lambert en souriant.

— Personne ; — aussi je te comprends.

— Bref, — poursuivit Lambert, — ma visite me parut courte...

— Et madame Raymond n'était pas revenue auprès de toi ?

— Non.

— Son mari ne l'avait pas fait appeler?

— Non.

— Il ne te parla pas d'elle?

— Il ne m'en dit pas un mot.

— C'était au moins singulier.

— Je l'avoue, et ce fut la remarque que je fis ensuite.

— Et comment se termina la visite?

— Par une invitation à dîner pour le lendemain, invitation que je dus accepter,

Au moment de partir, je fus prié, par ces messieurs, de faire un tour de jardin.

Nous descendîmes dans le modeste parterre, et là je retrouvai madame Raymond.

Son mari passa près d'elle sans lui adresser une parole; elle me fit une belle révérence, je lui rendis un salut poli.

Mais au moment où je m'éloignais :

— Ne revenez jamais ! — me dit-elle rapidement à l'oreille.

Son mari se retournait vers moi pour me montrer un rosier.

La jeune femme s'éloigna avec précipitation.

Je surpris un froncement de sourcils sur le visage jaune de M. Raymond, mais ce fut tout.

Il reprit de sa voix la plus calme et me parla horticulture.

Cinq minutes après je quittai la maison, et je m'éloignai encore sous l'impression du singulier accueil de la femme, des politesses empressées et des louanges exagérées de M. Raymond et de son beau-frère, et en entendant encore résonner à mes oreilles les dernières et mystérieuses paroles prononcées par la jolie maîtresse du logis.

— Ouf! — dit Charles. — Je devine un drame dans tout cela.

— Tu ne te trompes pas, — répondit Lambert.

. Le lendemain, je retournai à la maison de la barrière Blanche ; j'y dînai.

Madame Raymond était belle ; plus encore, charmante, excessivement parée, et son joli visage rayonnait d'enjouement et de gaîté.

Ce n'était plus du tout la femme de la veille.

J'étais étonné mais charmé.

Nous étions huit convives en tout : quatre hommes et quatre femmes, mais bien que les trois invitées fussent des créatures réellement remarquables, la maîtresse du logis avait droit toujours à la *palme de la beauté*, — comme on disait autrefois.

J'étais assis près d'elle : nous causâmes, et sa conversation fut des plus spirituelles et des plus agréables.

Deux fois le bout de ma botte vernie rencontra sous la table la bottine de satin de ma belle voisine, et deux fois son petit pied ne s'éloigna pas assez vite pour que je pusse y voir l'intention marquée de m'éviter.

Je passai, je te l'avoue, une soirée délicieuse.

J'avais tout oublié : et ma ruine causant

la fortune de ceux qui me recevaient, et mon avenir encore incertain.

J'étais subjugué, entraîné, fasciné par la belle créole, car j'appris ce soir-là que madame Raymond était née aux Colonies.

Le lendemain, c'était jour de liquidation, et je réalisai de nouveaux bénéfices.

J'envoyai à madame Raymond un bouquet de dix louis.

Quelques jours après, son mari revint me voir et cette fois il me trouva.

Après quelques paroles ayant rapport encore à la somme que je lui avais remboursée :

— « Monsieur d'Arcourt, — me dit-il, — la manière si belle, si loyale, si simple avec laquelle vous avez agi en soldant, sans discuter, une dette qui n'était pas absolument la vôtre, m'a gagné le cœur.

« Je vous considère comme un ami, et je désire que ma famille devienne la vôtre.

« Vous n'avez plus de parents, regardez-moi comme un frère et agissez en conséquence.

« Pardonnez-moi ma franchise, mais comme je vous aime, et que je m'intéresse à tout ce qui vous touche, ne mettez l'indiscrétion que je vais commettre que sur le compte de mon affection.

« Je vous avoue, — continua-t-il, — que votre situation de fortune m'a plusieurs fois inquiété.

« On ne retire pas de son capital une somme aussi importante que celle que votre notaire m'a remise en votre nom, sans porter une rude atteinte à sa position financière.

« Que je rentre dans mes fonds, — rien de plus naturel, ni de plus juste ; mais que je contribue à la gêne d'un galant homme, —voilà qui serait loin d'être mon intention.

« Si cette somme vous était absolument nécessaire, je serais heureux de la remettre à votre disposition. »

En face de cette offre généreuse, — poursuivit Lambert, — je demeurai tout d'abord muet de surprise.

J'étais loin de m'attendre à ce qui se passait, surtout après ce que madame Raymond m'avait dit de son mari, lors de sa visite chez moi.

Je sais bien qu'en réfléchissant depuis, je n'avais pu trouver la conduite de M. Raymond absolument blâmable.

Il était réellement mon créancier, et s'il avait attendu, pour me réclamer le montant de la somme qui lui était due, que je me fusse de nouveau mis en état de solder ma dette, il n'avait fait qu'user de son droit.

Je pouvais l'accuser de calcul, mais non de déloyauté.

Ensuite, la façon toute gracieuse et toute flatteuse avec laquelle il m'avait accueilli, avait détruit mes préventions à son égard.

Cependant, au moment où il était entré chez moi, ces préventions m'étaient subitement revenues, sans cause, il est vrai, mais enfin j'avais ressenti une certaine répulsion à son endroit.

Et voilà que précisément, cet homme, dont je doutais, me faisait simplement l'offre la plus généreuse.

Je compris l'intention de M. Raymond, je l'appréciai comme elle le méritait, mais en même temps tout mon orgueil se réveilla en moi.

Je lui tendis la main.

— Mille remercîments, — lui dis-je, — pour l'offre obligeante que vous me faites, mais heureusement je suis en devoir de pouvoir la repousser.

— Tant mieux ! — me répondit-il sans sourciller.

— La somme que je vous ai versée a fait effectivement une large brèche à ma fortune, mais, grâce au ciel, cette brèche n'est pas tellement large que l'édifice entier s'écroule par sa faute:

— Vous êtes donc bien riche?

— Riche?... non, pas encore, mais en bonne voie de le devenir.

— Cependant, — insista-t-il, — on m'avait dit...

— Qui ? — demandai-je

— Des gens d'affaires...

— Et ils vous ont dit ?

— Que ces cent quarante-sept mille francs que vous m'avez remboursés vous avaient laissé... — pardonnez-moi le mot, — à peu près *à sec*.

— On s'est trompé ! — dis-je.

— Tant mieux ! — fit encore M. Raymond, mais avec un accent de doute très-prononcé.

— Vous ne croyez pas? — m'écriai-je, blessé par ce doute qui frisait, pour moi, un sentiment de pitié humiliante.

— Si fait!... je crois... je veux croire, — répondit M. Raymond.

— Je vais vous rassurer complètement, — lui dis-je.

Et me levant, j'allai prendre dans mon bureau mes comptes d'agent de change, et des bons du Trésor que je n'avais pas encore touchés.

— Tenez! — lui dis-je, — voilà ce que

j'ai gagné dupuis que je vous ai payé ma dette.

— Près de quarante mille francs? — s'écria Raymond, avec une expression admirative qui flatta singulièrement mon amour-propre.

— Oui, — lui dis-je.

— C'est beau !

— Oh ! c'est ordinaire ! — fis-je avec un accent de modestie affecté.

— Vous gagnez souvent autant?

— Presque chaque mois !

— Tu le faisais poser ! — interrompit Charles.

— Non, — dit Lambert, — c'était vrai. Depuis près d'une année, j'avais réalisé chaque fin de mois les plus magnifiques bénéfices.

— Et que dit M. Raymond ?

— Il me serra les mains, m'appela son ami, son frère, me jura une affection sans bornes, et m'invita de nouveau à dîner.

— Et quand tu revis la belle créole ?

— Elle me fit un accueil plus séduisant encore que précédemment.

— C'est égal! Ton M. Raymond n'était pas si mauvais diable que tu le pensais.

— Tu crois? — dit Lambert en souriant.

— Mais il me semble que sa proposition généreuse...

— Sa proposition généreuse était une amorce adroite, à laquelle je me laissai prendre comme un sot.

— Comment?

— Cet homme était la fausseté et l'hypocrisie en personne. Il ne m'avait parlé avec cet abandon aussi touchant, que pour mieux capter ma confiance, et savoir si j'étais une dupe valant la peine d'être exploitée.

— Bah !

— Je n'appris à le connaître que trop tard pour moi, hélas !

— Mais sa femme ?

— Sa victime, veux-tu dire !

XV

Monsieur Raymond.

Au moment où Lambert allait, probablement, poursuivre son récit, trois heures sonnèrent.

Charles regarda la pendule.

Depuis que son ancien compagnon de

classe avait commencé la confidence de sa vie passée, M. de Rueil, entraîné par l'intérêt qu'il accordait au récit, avait oublié, et le déjeuner interrompu par l'arrivée de Lambert, et les convives qu'il avait laissés dans sa salle à manger.

L'heure, en tintant sur le timbre de l'horloge Louis XIII, le rappela brusquement à la situation présente.

Lambert s'aperçut du mouvement de son ami.

— Je te gêne? — dit-il en se levant.

— Non pas, — répondit Charles, — mais j'ai quelques personnes à déjeuner, d'anciens camarades de collége, que tu connais aussi bien que moi : Gaston Laubespin, Max Dorcy, Henri de Ribes, Thévenot, Lucien...

— Je te demande pardon de t'avoir retenu aussi longtemps...

Lambert fit un pas vers la porte.

— Mais, — dit Charles, — si tu veux être des nôtres?

L'interlocuteur de M. de Rueil sourit tristement, et jeta un coup d'œil sur son costume.

— Je ferais tache, — répondit-il.

— Cependant, tu es venu ici conduit par un autre motif que celui de me raconter ton histoire?

— Sans doute.

— Eh bien ! ce motif ?

Lambert hésita.

— Je n'ose plus l'avouer ! — répondit-il.

— Pourquoi ?

— Parce qu'en arrivant chez toi, j'étais encore sous l'empire d'un violent chagrin, sous l'impression d'un profond désespoir, et j'avais obéi à un premier mouvement...

— Et maintenant ?

— Et maintenant, je suis plus calme, et la résolution est partie avec la violence de la douleur... Ainsi, oublie ma visite et ne songe plus à moi. Pardonne-moi seulement d'être ainsi venu troubler tes plaisirs et d'avoir abusé de ta patience.

Il y avait, dans le ton avec lequel furent prononcées ces paroles, un tel sentiment de résignation, que Charles se sentit vivement ému.

Revenant vers Lambert, il lui saisit les mains.

— Parle, — lui dit-il, — que voulais-tu de moi en venant me trouver !

— Essayer de serrer une main amie, afin de penser que je n'étais pas absolument seul au monde, — répondit Lambert.

— Voici mes deux mains, Lambert. Et maintenant, achève ta confidence.

Lambert secoua la tête.

— Parle donc ! — dit doucement Charles en insistant.

— Je n'en ai plus la force.

— Pourquoi ?

— Parce que j'ai vidé la coupe de l'humiliation jusqu'à la lie.

— Lambert !

— Non ! n'insiste pas. Laisse-moi partir et oublie-moi. Si j'avais achevé mon récit, si tu avais pu apprendre tout ce que j'ai souffert et tout ce que je dois souffrir encore, peut-être eussé-je eu assez de courage pour achever ma confession tout entière, mais tes amis t'attendent, Charles, je ne veux pas abuser de ta bonté...

— Lambert! — dit Charles en retenant dans les siennes les mains de son ancien camarade de collége, — Lambert! le chagrin t'aurait-il aigri à ce point le caractère, que tu m'en veuilles de ce que, ne m'attendant pas à ta visite, j'aie aujourd'hui disposé de mon temps?

Lambert rougit violemment.

— Telle n'est point ma pensée, — répondit-il avec vivacité. — Je serais injuste. Mets-toi à ma place, Charles, et n'interprète mes paroles que dans le sens de ce qu'elles disent réellement.

— Eh bien ! cette confession, que je ne puis entendre maintenant, tu la termineras ce soir. Reviens dîner avec moi, ou plutôt ne me quitte pas, et attends que mes convives soient partis.

— Je reviendrai, — dit Lambert.

— Tu me le promets ?

— Je te le jure.

— A quelle heure ?

— A six heures.

— Je t'attendrai.

Lambert ouvrit la porte donnant sur l'antichambre : Charles hésita un moment, puis serrant une dernière fois la main de son visiteur :

— Ce soir, à six heures ! — dit-il.

Lambert salua et sortit.

A peine la porte se fut-elle refermée, que Charles fit un pas en avant, comme pour rappeler celui qui venait de disparaître, mais il s'arrêta.

— Il reviendra ! — dit-il.

Puis, après un léger mouvement de réflexion :

— Le pauvre diable a l'air d'être bien réellement malheureux, — ajouta-t-il. — J'aurais dû le presser davantage... Peut-être sa poche est-elle vide... peut-être ne voulait-il que m'attendrir...

Charles, comme toutes les natures généreuses et bonnes, avait été si souvent, si fréquemment exploité, qu'il en était arrivé à douter de tous ceux qui faisaient appel à sa pitié.

— Bah! — fit-il, — puisqu'il reviendra ce soir, il sera toujours temps. S'il est vraiment à plaindre, je ne lui faillirai pas.

Et, ouvrant la porte du salon, il regagna la salle à manger.

— Allons donc! — firent les convives en le voyant rentrer.

— Si tu avais été avec une jolie femme,

nous eussions craint que tu ne reviennes pas! — dit Lucien en riant.

— Était-ce bien Lambert d'Arcourt, notre ancien camarade? — demanda Gaston.

— Oui, — répondit Charles.

— Que te voulait-il?

— Je n'en sais rien encore.

— Cependant, vous êtes demeurés assez longtemps ensemble, pour que tu aies appris ce qu'il désirait de toi?

— Messieurs, — fit Charles en se rasseyant à sa place, — avant de vous parler de Lambert d'Arcourt, il faut que je vous fasse une question à tous.

Quelqu'un de vous a-t-il connu un homme se nommant Raymond ?

— J'en connais quatre ! — dit Max.

— Et moi deux ! — ajouta Lucien.

— Et moi cinq ! — dit Gaston.

— Un Raymond , ayant pour femme une très-jolie personne...

— Mes Raymond ne sont pas mariés, — répondit Max.

— Ni les miens, — ajouta Gaston.

— Mais j'en connais un marié, moi, — dit Lucien, — et qui a , ou plutôt qui avait une femme ravissante.

— Cette femme était créole?

— Oui.

— Et ce Raymond venait lui-même?

— De Batavia, je crois, — interrompit Lucien.

— C'est cela! — dit Charles avec étonnement. — Quand as-tu connu ce Raymond?

— Il y a deux ans.

— Tu l'as connu intimement?

— Non, je ne les ai vus qu'une fois, lui et sa femme, mais la beauté de celle-ci m'avait frappé, c'est pourquoi j'ai gardé bon souvenir du mari.

— Et qui était-ce, que cet homme?

— Peuh! — fit Lucien avec un mouvement des lèvres très-significatif. — Pas grand'chose de bon, j'imagine. Une espèce de vautour, sans cesse à la recherche d'une proie qu'il veut déchirer.

— Et sa femme?

— On m'a dit qu'elle était morte.

— Depuis longtemps?

— Quelques mois après que je l'ai vue, je crois.

— Et chez qui l'avais-tu vue?

— Chez Rosine.

— L'actrice ?

— Oui.

— Comment, M. et madame Raymond allaient là ?

— Il paraîtrait.

— Mais qu'est-ce que c'était donc, que cette femme ?

— Ma foi ! c'est ce que je me suis souvent demandé ; mais je n'ai jamais trouvé d'autre réponse que celle-ci : elle avait l'air d'une créature extrêmement malheureuse.

— Voilà qui est bizarre.

— Ah çà ! — s'écria Max, — à quel propos

vas-tu nous interroger sur tous ces Raymond connus et inconnus?

— Je vous le dirai plus tard !

— Peste! quel air grave.

— Il s'agit d'un secret? -- demanda Thévenot.

— Oui.

— Quel secret? — ajouta Gaston.

— Un secret, qui n'est pas le mien!

— Mais d'Arcourt?

— Eh bien!. . précisément, il s'agit de lui, — dit Charles.

— Il s'agit de Lambert, à propos de madame Raymond ? — fit Lucien.

— Oui.

— Ah ! voilà qui est étrange !

— Pourquoi ?

— Parce que, lors de la mort de cette madame Raymond, il a couru un singulier bruit.

— Quel bruit ? — demanda-t-on de toutes parts ?

— On prétendit que cette mort, annoncée par le mari, n'était pas réelle.

— Bah ! — fit Gaston.

— Une mort supposée ! — ajouta Max.

— Et que serait devenue madame Raymond, en ce cas ? — demanda Charles.

— Les uns, — reprit Lucien, — affirmèrent que son mari la tenait sous sequestre. D'autres dirent qu'elle s'était sauvée ; enfin, d'autres encore prétendirent qu'elle avait été enlevée.

— Cependant, — dit Charles, — si elle est morte, on a dû constater son décès. Il est difficile, à notre époque, de jouer une comédie de mort supposée.

— Ah ! — fit Lucien, — je te rapporte les *on dit* que j'ai entendus. D'ailleurs, je n'ai pas été à l'enterrement de madame Raymond, moi, et je ne garantis rien.

— Mais tu trouves étrange qu'il s'agisse de d'Arcourt, à propos de madame Raymond.

— Parce que d'Arcourt se nomme Lambert, et je me rappelle, confusément il est vrai, qu'à cette époque de la mort de madame Raymond, et des suppositions faites sur cette mort, il été question d'un nommé Lambert, ayant joué un rôle important dans toutes les chroniques relatives à l'événement, mais dont j'ai oublié les détails. J'avais pris ce nom de Lambert pour un nom de famille. J'étais très-loin de songer à d'Arcourt, et c'est ce que vient de dire Charles qui m'a remis en mémoire une partie de cette affaire mystérieuse.

— Ah çà! il y avait donc décidément un mystère! — dit Thévenot.

— Il paraît, mais, je vous le répète, j'ai oublié les détails. Si vous en voulez à l'égard de tout cela, demandez à Rosine. Elle ne tarissait pas en confidences.

— Où demeure Rosine? — demanda Charles.

— Rue de Provence.

— J'irai la voir.

— Prends garde à la pomme! — cria Gaston. — Rosine est une vraie fille d'Ève.

— J'ai passé l'âge des tentations.

— Messieurs, — dit Max, qui s'était levé et s'était approché de la fenêtre donnant sur la cour, — nos chevaux sont amenés. Allons-nous faire un tour de Bois ?

— Allons ! — répondirent les convives de M. de Rueil.

— Ah çà ! — dit Lucien en s'approchant de Charles, — tu parais tout préoccupé.

— Je l'avoue, — répondit le maître du logis.

— Que t'a donc dit Lambert d'Arcourt?

— Il m'en a dit trop ou trop peu, pour que je puisse te rapporter notre entretien.

— Et tu dois le revoir ?

— Ce soir à six heures.

— Eh bien, prends garde !

— A quoi ?

— Autant que je me souvienne, ce Lambert, dont il était question dans l'affaire Raymond, y avait joué le plus infâme rôle, et si ce Lambert est le même que notre ancien ami d'Arcourt, reste avec lui sur la défensive.

. . . .

Une demi-heure après que cette conversation avait eu lieu dans la maison de la rue Neuve-des-Mathurins, Charles de Rueil et ses amis parcouraient, au grand trot de leurs montures, la contre-allée sablée de l'avenue de l'Impératrice réservée aux cavaliers.

Au moment où ils atteignaient la porte d'entrée du bois de Boulogne, ils prirent le pas et marchèrent sur une seule ligne.

En cet instant, un *phaéton*, attelé de deux magnifiques chevaux demi-sang, à la robe luisante et soignée, aux allures nerveuses et rapides, arriva à la hauteur des cavaliers, venant, comme eux, de Paris et se dirigeant, comme eux, vers le bois.

Sur la banquette de derrière de ce phaéton se tenaient, raidis, le corps renversé en arrière, les bras croisés sur la poitrine, deux valets de pieds en livrée anglaise, s'appuyant sur leurs pardessus ployés, dont les boutons d'argent resplendissaient au soleil.

Un homme de haute taille, sec, maigre, au teint basané, à l'âge équivoque, mis avec une recherche du meilleur goût, occupait la place d'honneur et conduisait, avec une aisance de *sportman* émérite, le magnifique attelage qui emportait la voiture.

La place voisine du haut coussin sur lequel trônait l'élégant automédon était vide.

Les chevaux étant lancés au grand trot et ne ralentissant pas leur allure, le phaéton dépassa rapidement les cavaliers.

Lucien, en apercevant le propriétaire de l'équipage, fit un geste de surprise.

— Tiens! — dit-il, — nous parlions de M. Raymond, tout à l'heure.

— Eh bien? — fit Charles en se tournant vers lui.

— Eh bien! le voilà.

Et Lucien désigna du doigt le phaéton qui courait en avant.

— M. Raymond! — répéta Charles.

— Lui-même.

— Je veux le voir de près. Attendez-moi.

Le jeune homme mit sa monture au galop, et gagna rapidement de vitesse la voiture qu'il voulait atteindre.

Lorsqu'il l'eut dépassée, Charles arrêta son cheval, lui fit faire une *tête à la queue*, que n'eût pas désavouée un professeur d'équitation, et revint au petit pas vers ses amis, de manière à croiser le phaéton.

En passant près de la voiture, il examina d'un coup d'œil rapide, le personnage que lui avait désigné Lucien.

— Eh bien ? — demanda celui-ci au moment où Charles rejoignait ses amis.

— Il a une mauvaise figure, ton M. Raymond ! — répondit M. de Rueil.

— Tu trouves ?

— Une physionomie qui me déplaît au suprême degré.

— Ne va pas lui chercher querelle, cependant, — dit Lucien en riant.

— Pourquoi ?

— Parce que, prétend-on, ce M. Raymond coupe à vingt pas une balle de pistolet sur une lame de couteau, et qu'il bat tous nos maîtres d'armes.

— Est-ce qu'il a eu des duels ?

— Quatre, je crois.

— Et ses adversaires ?

— Morts, tous quatre.

— Un temps de trot, — dit Charles en poussant son cheval dans une petite allée, qui ne permettait qu'à deux cavaliers à la fois de marcher de front.

Charles et Lucien tenaient la tête de la cavalcade.

— Lucien, — dit Charles en baissant la voix de façon à n'être entendu que de son compagnon, — tu en sais bien long sur cet homme.

— Quel homme? — demanda Lucien en jouant l'étonnement.

— Eh parbleu! M. Raymond.

— Mais, je t'assure...

— Tu en sais plus que tu ne veux le dire.

— Tu crois?

— J'en suis sûr.

— Eh bien ! c'est possible. — Après?

— Après? — dit Charles en regardant son ami. — Je pense qu'il est inutile que j'aille voir Rosine... si toutefois tu veux parler...

Lucien détourna la tête sans répondre, et en accompagnant ce geste d'un mouvement d'épaules décelant une mauvaise humeur évidente.

Charles remarqua ce mouvement, et n'insista pas.

XVI

Le bois de Boulogne.

Le cortége composant la noce venait d'atteindre la grande allée faisant le tour du premier lac du bois de Boulogne.

Le plus profond silence régnait dans la voiture de tête, contenant la mariée, son père, sa belle-mère et son mari.

M. Buchené sommeillait doucement, laissant parfois tomber sa tête sur l'épaule de son gendre, lequel, — par respect, — n'osait pas bouger, et servait ainsi d'arc-boutant au dormeur.

Madame Marescot, profondément enfoncée dans son bosquet de feuillages et de fleurs, avait l'apparence et l'immobilité d'une tortue rentrant sa tête sous sa carapace.

La jeune femme, le corps à demi penché en avant, approchait sa gracieuse tête de la portière ouverte, et paraissait respirer l'air pur avec un plaisir manifeste.

Par moment, cependant, un nuage sombre passait sur son front ; ses grands yeux brillaient, comme si une larme eût noyé sa paupière, et un soupir faisait gonfler sa poitrine et frémir ses blanches épaules.

Puis ce charmant visage reprenait sa sérénité, et les regards de la jolie mariée semblaient parcourir l'horizon avec une expression de satisfaction marquée, expression émanant, évidemment, de quelque pensée nouvelle succédant à une pensée triste.

Jules, le garçon d'honneur assis sur le siége, continuait, avec le cocher, une conversation entamée depuis le boulevard du Temple, — conversation interrompue, seulement, par une pantomime expressive que Jules adressait à ses collègues placés sur les voitures de suite.

Dans la seconde voiture, le feu roulant

d'une conversation animée pétillait sans relâche, avec une verve, une énergie dénotant de la part des causeuses une vigueur remarquable de poumons.

Mesdames Cuissard, Pingoin et Guilloché et mademoiselle Pigrillard luttaient de loquacité, de pétulance et d'haleine.

— Ainsi, c'est avéré ? — disait madame Cuissard.

— Oui, — répondit Anastasie.

— Quelle horreur, — s'écria madame Pingoin.

— Tout cela, c'est bien amusant, — ajouta l'indulgente madame Guilloché.

— Voyez-vous, cette mijaurée d'Adolphine.

— Et notez, — ajouta mademoiselle Pigrillard, — que, suivant ma conviction, c'est Adolphine qui a provoqué par ses coquetteries l'amour de ce garçon.

— Était-il bien, lui, au moins? — demanda madame Cuissard.

— Peuh ! — fit Anastasie.

— Ni bien ni mal?

— Il pouvait plaire.

— Et qu'est-ce qu'il faisait ?

— Rien du tout.

— Pas de profession?

— Pas la moindre. Une espèce d'écrivassier...

— Ah fi! — dit madame Pingoin. — J'en ai eu un comme cela pour locataire, et jamais il n'arrivait à payer son terme.

— Tiens, — fit madame Guilloché, — voilà la voiture qui s'arrête. Pourquoi donc?

Et elle mit la tête à la portière.

— Ah! — ajouta-t-elle, — on va marcher. La mariée descend.

— En voilà une idée de marcher, — s'écria madame Pingoin. — Pourquoi marcher quand on paye les voitures à la journée.

— C'est ce Buchené qui aura voulu se dégourdir les jambes, — fit observer madame Cuissard.

— Il est si bête ! — ajouta Anastasie.

— Mesdames, mesdames, — cria Jules en ouvrant la portière, — il faut descendre ! La mariée veut se promener.

Les quatre femmes se décidèrent en grommelant à quitter le carrosse.

M. et madame Actéon avaient déjà fait sauter à terre les enfants confiés à leur garde.

Se rapprochant mutuellement, les deux dignes époux se lancèrent un long regard de commisération et de détresse.

— As-tu remarqué comme on agit avec nous ? — dit madame Actéon.

— Si je l'ai remarqué ! — dit son mari en lançant autour de lui un regard rapide, pour bien s'assurer que personne ne pouvait surprendre ses plaintes. — Si je l'ai remarqué ! J'en ai pleuré tout seul dans ma voiture.

— Et moi aussi !

— Mais aussi, qui pouvait penser qu'on nous traiterait de la sorte ?

— Oh ! — dit madame Actéon avec aigreur, — c'était facile et c'est bien votre faute !

— Comment, ma faute ?

— Sans doute, vous ne savez jamais vous faire respecter !...

— Mais...

— Ni faire respecter votre femme !

— Ma bonne amie...

— Vous ne pouvez rien dire !

— Cependant...

— Tenez, j'en suis honteuse pour vous !

— Je...

— Laissez-moi ! Vous flanquer avec les enfants. Ah !...

Et madame Actéon, tournant sur ses talons, laissa là son piteux époux dont deux marmots avaient déjà saisi les mains, tandis que deux autres se cramponnaient aux pans de sa redingote.

Et tous quatre criaient ensemble :

— Hue ! dada ! hue ! dada !

— Comme les enfants l'aiment ce bon M. Actéon ! — dit madame Guilloché en admirant cet agréable tableau. — Cela prouve bien en sa faveur.

— Ah ! c'est un ange que mon mari, — répondit madame Actéon qui arrivait pour se mêler aux dames.

— Oh ! — fit madame Cuissard, — regardez donc la belle voiture.

Toutes les dames se retournèrent.

Un magnifique phaéton, se promenant au pas, s'avançait vers l'endroit où la noce venait de mettre pied à terre.

Ce phaéton était le même que celui que Charles de Rueil et ses amis avaient rencontré à l'entrée du bois de Boulogne : c'était la voiture de M. Raymond.

Le grand monsieur sec et jaune trônait toujours sur le coussin élevé de son élégant véhicule : les domestiques semblaient deux mannequins habillés tant leur immobilité était grande.

— Ça doit être un homme bien riche ! —

dit madame Guilloché en lorgnant M. Raymond.

— Il est jaune comme de l'or, — dit Anastasie.

— Et raide comme un piquet! — ajouta madame Pingoin.

— Il est superbe! il doit être très-grand! — fit madame Cuissard, laquelle, ayant pour mari un nain, adorait naturellement les tambours majors.

— Et ses domestiques?

— Quelle livrée!

— Les boutons sont peut-être en *vrai* argent, — dit madame Actéon.

— Des beaux hommes aussi, — ajouta madame Cuissard.

— Seulement ils ne bougent pas, — fit observer madame Pingoin.

— Ils sont peut-être empaillés.

— Ah ! par exemple !

— Tiens, — fit madame Cuissard, — mon mari m'a raconté l'histoire d'un contrebandier qui avait des domestiques nègres en fer-blanc, derrière la voiture, et qui leur remplissait le ventre de trois-six.

— Pas possible !

— Ceux-là sont peut-être aussi en fer-blanc ? — dit madame Guilloché.

Le phaéton avait dépassé les dames et se trouvait à la hauteur du remise, d'où descendait en ce moment madame Marescot.

La mariée, Anténor et M. Buchené avaient déjà mis pied à terre.

M. Raymond, en apercevant la fraîche toilette d'Adolphine, avait ralenti encore l'allure de ses chevaux, pour avoir le temps d'examiner au passage la beauté de la jeune femme.

Mais à peine eut-il jeté un regard sur la jolie mariée, qu'il fit un geste d'étonnement brusque.

Adolphine relevait alors la tête : ses yeux rencontrèrent le regard fixé sur elle.

La jeune femme rougit subitement et elle détourna la tête avec une expression de fierté, de colère et de mépris à laquelle il n'y avait pas à se méprendre.

M. Raymond sourit dédaigneusement.

M. Buchené, lui aussi, venait de reconnaître le phaéton et le personnage qui dominait la voiture.

— Ah ! par exemple ! — fit-il en ouvrant ses petits yeux.

— Monsieur Buchené, — dit M. Raymond, en arrêtant complètement ses chevaux.

— Mon propriétaire, — balbutia Buchené, avec une confusion dénotant le profond respect qu'il portait à celui qu'il saluait alors jusqu'à terre.

— Eh, mais, — reprit M. Raymond, de l'air le plus gracieux, — vous voilà donc de noce?

— Oui, monsieur... oui... me voilà de noce, — répondit Buchené en s'avançant et en tenant toujours son chapeau à la main.

— Mais, n'est-ce pas votre fille qui est la mariée?

— Elle-même, monsieur, elle-même... ma fille en personne.

— Ah! Et quel est le mari?

— Voilà!

M. Buchené désigna du geste Anténor, qui se tenait plus raide et plus immobile que jamais.

M. Raymond toisa le marié d'un regard dédaigneux qu'il reporta ensuite sur Adolphine, mais celle-ci avait détourné complètement la tête, de façon à ne pouvoir voir elle-même le propriétaire de son père, ni être vue par lui.

L'endroit où s'était arrêtée la noce était un carrefour voisin de la mare d'Auteuil.

Tout autour, des fourrés épais obstruaient la vue.

En se retournant pour éviter sans doute la présence de M. Raymond, Adolphine avait donc en face d'elle l'une de ces charmilles verdoyantes, qui entouraient le carrefour d'un véritable mur de feuillage naissant.

Le temps était très-doux : aucun souffle n'agitait les branches, et cependant le feuillage de la charmille que contemplait Adolphine venait de s'écarter doucement.

Une tête pâle apparut soudain, mais disparut presque aussitôt.

Adolphine étouffa un cri de surprise et d'effroi prêt à jaillir de sa gorge, et porta la main sur son cœur, comme pour en comprimer les battements.

— Lui ! encore lui ! — murmura-t-elle. — Oh mon Dieu ! que veut-il donc faire?

XVII

Le carrefour.

M. Raymond n'avait pas paru remarquer la contenance subitement embarrassée d'Adolphine, non plus que le cri étouffé qu'elle était à peine parvenue à retenir sur ses lèvres.

Il paraissait s'occuper exclusivement de

son locataire, M. Buchené, lequel, le chapeau à la main, le visage rouge comme la carapace d'un homard cuit, cherchait ses mots pour répondre à son interlocuteur.

Les autres personnes de la noce, y compris le marié, dévoraient des yeux le phaéton, les domestiques et leur maître, sans plus se soucier de ce qui pouvait se passer autour d'eux.

L'émotion, si singulièrement provoquée, de la jeune femme, était donc passée inaperçue pour tous.

— Comment? — avait repris M. Raymond en se penchant gracieusement en avant, — vous mariez votre fille, cher monsieur Buchené, et vous ne me prévenez pas ! — C'est mal.

— Nous vous enverrons un billet de faire part ! — répondit M. Buchené.

— Mais c'était un billet d'invitation qu'il eût fallu m'envoyer !

— Quoi, monsieur aurait daigné...

— Certainement !

— Venir à la messe ?

— Sans aucun doute, et même au bal !

— Ah ! monsieur ! ah ! monsieur !

Ce fut tout ce que put balbutier M. Buchené, dont l'ébahissement comique, en présence de l'expression de condescendance de son propriétaire, avait atteint son paroxysme.

— Entendez-vous ! — dit madame Cuissard à madame Pingoin.

— Il dit qu'il aurait été à la messe? — repartit la maigre dame.

— Oui !

— Et au bal ! — ajouta mademoiselle Anastasie.

— Il est charmant !

— Pourquoi Buchené ne l'a-t-il pas invité?

— Il n'a pas osé !

— L'imbécile !

— Ce Buchené n'est bon à rien !

— C'est que ce monsieur a l'air d'un homme très-comme il faut !

En ce moment, Buchené, qui paraissait prendre une détermination héroïque, fit un pas en avant.

— Mais, — dit-il en tournant entre ses doigts son chapeau dont il meurtrissait les bords et en lançant un regard oblique vers M. Raymond, — mais il y aurait un moyen de rarranger les choses.

— Comment? — demanda M. Raymond

dont les yeux, depuis un moment, ne quittaient pas le gracieux visage d'Adolphine.

— Si monsieur voulait me faire l'honneur de venir ce soir...

— Où cela ?

— Au bal...

— Ah ! vous donnez un bal ?

— Oui, monsieur, chez Chapard.

— Eh bien, mais, je ne refuse pas, cher monsieur Buchené.

— Ah ! monsieur !

— A deux conditions cependant.

— Elles sont acceptées d'avance ? — n'est-ce pas, mon gendre !

Et M. Buchené adressa un vigoureux coup de coude à Anténor, lequel ne bougeait pas plus qu'un dieu Terme depuis le commencement de la petite scène.

Le marié tendit le cou comme s'il eût été subitement étranglé, ce qui lui fit faire une contorsion pouvant passer, à la rigueur, pour un signe d'assentiment.

— Vous voyez, — s'écria M. Buchené, — mon gendre est comme moi. Il aecepte d'avance vos conditions.

— Oh ! — fit M. Raymond en souriant, — ces conditions ne sont pas, je l'espère, pénibles à imposer. La première, c'est que vous me permettrez d'amener avec moi mon beau-frère et peut-être deux ou trois amis, des danseurs intrépides.

— Trop d'honneur ! — balbutia M. Buchené !

— La seconde, — poursuivit M. Raymond, — c'est que j'aurai le droit d'offrir un cadeau à la jolie mariée !....

— Ah ! monsieur ! — fit Buchené !

— Ah ! monsieur ! — s'écria madame Marescot dont le mot : cadeau, avait singulièrement réjoui les nerfs auditifs.

— Alors, — dit M. Raymond, — à ce soir. Quelle heure ?

— L'heure que monsieur voudra.

— Ne m'attendez pas pour ouvrir le bal.

— Ah ! mon Dieu ! — s'écria tout à coup madame Guilloché. — Qu'a donc Adolphine ?

— Mais elle se trouve encore mal ? — ajouta vivement madame Cuissard.

Les deux femmes se précipitèrent à la fois et reçurent dans leurs bras le corps presqu'inanimé de la jeune mariée qui, saisie par une faiblesse subite, et sans aucune cause apparente, venait de pâlir d'une façon effrayante et s'affaissait sur elle-même.

. . . .

Un quart d'heure après, la noce entière, qui avait repris place dans les voitures, se remettait en marche en se dirigeant vers Paris.

Adolphine, revenue à elle après un court évanouissement, n'avait pu attribuer aucune cause à ce malaise subit, et aux nombreuses et intarissables questions qui lui avaient été adressées de tous côtés, elle avait répondu :

— Je ne sais ce que j'ai éprouvé, je ne puis le définir, mais il me semblait que mon cœur se serrait et que j'allais mourir.

Puis, par suite d'une crise nerveuse, sans doute, la jeune femme avait éclaté en sanglots.

— Ce n'est rien ! ce n'est rien ! — avait dit M. Buchené, fort ennuyé de l'étrange contenance qu'avait sa fille un jour de noce. — Sa mère était comme elle. Quand je l'ai épousée, elle a pleuré non-seulement tout le jour du mariage, mais encore toute la nuit et durant huit jours après, et elle avait pleuré au moins durant huit jours avant. Et cependant, elle m'adorait... Soyez tranquille, Anténor ! ma fille s'y fera !

Soit qu'Anténor eût senti tout le poids de cet argument consolateur, soit que les évanouissements successifs de sa jeune épouse lui eussent troublé la cervelle au point qu'il ne comprît plus, il grogna sourdement quelques sons inarticulés.

Quant à madame Marescot, elle s'était enfoncée plus que jamais au fond de son bosquet, et sa petite figure ridée avait revêtu une expression des plus désagréables.

— Hou ! — avait-elle fait sans même jeter un regard sur sa bru qui pleurait toujours. — Qu'est-ce qu'elle a donc à larmoyer ainsi cette pimbêche ! Elle est bien à plaindre ! un mari comme Anténor, qu'elle mènera par le bout du nez, et qui a sept mille francs à lui du chef de son père !

Dans la seconde voiture, mesdames Cuissard, Pingoin, Guilloché et mademoiselle Anastasie ne tarissaient pas en commentaires sur l'état d'Adolphine, et sur les causes probables qui avaient dû provoquer ces crises nerveuses.

— Elle aura trop mangé ce matin ! — dit madame Pingoin de sa voix aigre.

— Elle est trop serrée dans son corset ! — ajouta madame Cuissard qui, ayant un tour de taille de quatre-vingt-dix-huit centimètres (en se sanglant), était jalouse de la taille de guêpe d'Adolphine.

— Ce qu'elle en fait, c'est pour qu'on s'occupe d'elle, — dit Anastasie. — Histoire d'attirer l'attention des hommes. C'était pour poser devant le beau monsieur Raymond !

— Écoutez donc ! — dit à son tour madame Guilloché. — Elle n'aime peut-être pas Anténor, la pauvre petite !

— Bah ! — fit madame Pingoin, — si toutes les femmes qui n'aiment pas leurs maris se trouvaient mal le jour de leur noce, il faudrait établir une pharmacie dans chaque église ! Quand j'ai épousé Pingoin, je ne pouvais pas le sentir, moi. Eh bien ! est-ce que je me suis trouvée mal ? Au contraire !

— Et puis, quoi ! — ajouta madame Cuissard, — Anténor n'est pas difforme après tout ! Je ne vois pas pourquoi elle ferait tant sa mijaurée.

Et la conversation continua sur ce ton et sur ce sujet, roulant certes plus rapidement que la voiture qui emportait ces dames.

Lorsque la noce s'était éloignée, M. Raymond, qui avait voulu présider lui-même au transport d'Adolphine dans la voiture, — M. Raymond qui s'était élancé prestement à terre au premier cri poussé par madame Guilloché, — M. Raymond qui s'était montré enfin d'un empressement charmant auprès de la belle évanouie, — M. Raymond était demeuré seul dans le carrefour, suivant de l'œil les voitures qui disparaissaient lentement.

Se tournant alors vers ses domestiques, dont l'un se tenait à la tête des chevaux, tandis que l'autre avait pris les rênes.

— Conduisez la voiture à la mare, — dit-il d'une voix impérieuse. — Vous attendrez là !

Les domestiques s'étaient empressés d'obéir.

Demeuré tout à fait seul, M. Raymond lança un dernier regard vers le cortége de la noce.

Un pâle sourire vint éclairer sa physionomie blafarde, et un éclair étincela dans ses yeux fauves.

Fouettant la poussière du sol, à l'aide d'une élégante canne de jonc qu'il tenait à la main, il s'avança en suivant la contre-allée, faisant le tour du carrefour dans la direction de la petite route conduisant à Boulogne.

Comme il atteignait cette petite route, un

roulement de voiture se fit entendre, et une victoria, enlevée au grand trot d'un stepper irlandais de toute beauté, déboucha dans le carrefour.

Un homme de même âge que M. Raymond, à peu près, était étendu sur le large coussin de cuir gauffré du confortable équipage.

En apercevant M. Raymond, cet homme se pencha en avant et toucha le coude du cocher du bout de la canne avec laquelle il jouait.

La voiture s'arrêta subitement.

L'homme sauta lestement à terre.

— Attends-moi dans l'allée ! — dit-il au cocher.

La victoria tourna rapidement sur elle-même, et quittant le carrefour dans lequel on venait de pénétrer, elle alla se ranger dans l'allée conduisant au grand lac.

M. Raymond était demeuré sur place, paraissant attendre.

Le nouveau personnage marcha droit à lui.

Tous deux se tendirent mutuellement la main.

— Bonjour, Julien ! — dit M. Raymond.

— Bonjour, très-cher, — répondit l'autre.

Un silence suivit ce court échange de salut.

— Eh bien ? — reprit celui que M. Raymond avait nommé Julien.

— Eh bien ! c'est fait ! — répondit Raymond.

—Bah !

— Je te l'avais dit !

— Ainsi, tu ne t'étais pas trompé !

— En aucune façon.

— Et la petite ?

— Elle m'a parfaitement reconnu.

— Alors?

— Elle s'est trouvée mal!

— Réellement?

— Du moins, elle en a eu l'air.

— Et le père?

— Il ne se doute de rien.

— Et le mari?

— Un idiot!

— Bravo!

Les deux hommes se regardèrent encore, et un nouveau silence suivit ces paroles; mais les regards qu'ils échangeaient rendaient ce silence singulièrement expressif.

— Alors, tout va bien? — reprit Julien.

— Admirablement bien! — répondit Raymond.

— La petite est la femme qu'il nous faut!

— Absolument!

— Et grâce à elle...

— Nous aurons les millions du bonhomme!

— Maintenant, il ne s'agit que de lui faire agréer le rôle qu'elle aura à jouer.

— Je m'en charge.

— Mais il faudra la voir.

— Je la verrai...

— Avant... demain? — dit Julien en appuyant sur les mots.

— Avant demain! — répéta Raymond avec un accent affirmatif.

— Comment?

— Je suis invité au bal.

— Toi?

— Oui.

— Et qui t'a invité?

— Le père lui-même.

— Bravo ! Tu iras seul ?

— Non ! J'ai demandé la permission de présenter quelques amis. Tu viendras avec moi, et nous emmènerons Lacassette, Lécrou et Doublechaîne.

— Très-bien !

— Tu comprends tout à fait.

— C'est donc pour cette nuit?

— Oui.

— Et le marié ?

— Bah !

M. Raymond fit tournoyer sa canne. Les deux hommes éclatèrent de rire.

— Alors, — reprit Julien, — il n'y a pas un instant à perdre pour tout préparer ?

— Sans doute !

— Je retourne à Paris, et à sept heures je serai chez toi !

— Je t'attendrai.

Julien adressa un geste amical à M. Raymond, et s'élançant vers l'endroit où il avait laissé sa *victoria*, il disparut presque aussitôt.

lement du léger véhicule, retentissant sur le sol, attesta que le *stepper* reprenait, à une allure très-vive, le chemin de Paris.

XVIII

Une rencontre inattendue.

M. Raymond était demeuré seul de nouveau...

Faisant tournoyer sa canne, tandis qu'un léger sifflement s'échappait de ses lèvres:

— Décidément, — murmura-t-il, — le *jeu*

d'hommes est plus amusant que le *jeu de quilles*, et il n'est pas plus dangereux pour qui sait lancer la boule et abattre ses adversaires.

« Il y a quatre ans, je n'avais rien.

« Aujourd'hui, j'ai cinq cent mille livres à moi, et avant six mois j'aurai cinq millions !

« Vive Dieu ! la vie est belle, et cette petite Adolphine est la plus merveilleuse trouvaille que j'aie faite depuis que j'ai perdu Eulalie !

« Oh ! celle-là avait aussi du bon !

« Quand elle le voulait, elle valait son pesant d'or ! — Parfois je la regrette !...

« Mais bah !... — ajouta M. Raymond après un moment de réflexion, — Adolphine me rapportera dix fois ce que m'aurait rapporté l'autre ! Donc, j'ai bien fait ! »

M. Raymond en était là de son intéressant monologue, et il allait sans doute traverser le carrefour pour aller regagner l'endroit où il avait ordonné à ses domestiques de conduire son phaéton, lorsqu'il sentit tout à coup sur son épaule le contact d'une main frémissante.

Surpris, M. Raymond tressaillit et se retourna subitement.

Un homme pâle, les traits crispés, les yeux flamboyants d'éclairs, les vêtements en désordre et couverts de poussière, était devant lui.

Cet homme, c'était Lambert d'Arcourt, l'ancien compagnon de classe de Charles de Rueil.

M. Raymond chancela comme un homme qui vient d'être frappé par le fluide électrique.

Son visage blême se couvrit aussitôt d'une teinte foncée du cramoisi le plus vif.

Il fit involontairement un pas en arrière.

— Ah! — dit Lambert d'une voix rauque, — je vous retrouve, enfin!

M. Raymond ne répondit pas.

— Lâche ! — s'écria Lambert avec une violence telle que le mot insultant sembla s'élancer de ses lèvres pour aller souffleter celui auquel il était adressé.

M. Raymond, à cette suprême injure, recula encore d'un pas sans répondre, mais ses doigts crispés étreignirent avec rage la petite canne qu'il brandissait de la main droite.

— Quoi ! — s'écria Lambert, dont le silence de son adversaire semblait augmenter encore le courroux. — Quoi ! tu ne réponds pas, misérable ! Quelle insulte te faut-il donc pour te donner du cœur ? Je t'appelle LACHE ! entends-tu ?

— J'entends parfaitement ! — répondit

M. Raymond de sa voix la plus calme.

Par un effort héroïque sur lui-même, l'interlocuteur de Lambert d'Arcourt semblait avoir reconquis tout son calme ordinaire, toute son impassibilité habituelle, toute la froideur de glace, enfin, qui faisait de cet homme un être indéfinissable.

— Tu entends ! — reprit Lambert, — et tu ne me réponds pas autrement !

— Que voulez-vous que je réponde ?

— Tu t'es battu en duel quatre fois, cependant, et tu as tué tes quatre adversaires !

— C'est précisément pourquoi l'épithète

injurieuse que vous m'adressez reste sans valeur devant moi. Or, on ne peut s'offenser d'une insulte qui ne peut même êtr formulée sérieusement par celui qui l'adresse. Je me suis battu quatre fois, il est vrai, j'ai tué mes quatre adversaires : cela est parfaitement exact ; mais, ce faisant, j'avais intérêt à me battre, j'avais intérêt à tuer.

« Aujourd'hui, et entre nous, il n'en est pas de même.

« Que résulterait-il pour moi d'un duel avec vous ?

« Rien que les ennuis dont ne manquerait pas de m'affliger la loi du Code pénal.

« Quel intérêt ai-je à vous tuer?

« Aucun! Vous ne me gênez nullement, vous n'êtes un obstacle à aucun de mes projets, vous ne pouvez ni me servir, ni m'être nuisible.

« Donc, vivez en paix, cher monsieur d'Arcourt, et laissez-moi continuer ma promenade! »

Cette petite tirade avait été débitée avec le sang-froid le plus parfait; on eût dit que M. Raymond, au lieu d'être dans une partie isolée du bois, en face d'un adversaire furieux et en présence d'une insulte flagrante, se trouvait dans un salon, devant des interlocuteurs pleins d'égards et en face d'une discussion puérile.

Lambert avait écouté en croisant ses bras sur sa poitrine.

La tête rejetée en arrière, la bouche entr'ouverte par un rictus formidable, les narines dilatées, l'œil en feu, il ne tenta pas d'interrompre son interlocuteur : mais il était évident, rien qu'à contempler sa contenance pleine de menaces et de provocations, que la scène commencée d'une façon si énergique ne pouvait se terminer que par l'éclat le plus violent.

— Vous n'avez pas intérêt à vous battre, — reprit-il d'une voix brève et sèche et en opposant l'empire qu'il avait sur lui-même à la colère terrible qui faisait bouillonner le sang dans ses artères, — vous n'avez pas intérêt à me tuer, — donc, vous ne vous battrez pas ; — donc, vous ne me tuerez pas !

« Cela est parfaitement raisonné, monsieur Raymond, — et je reconnais là votre infernale logique, — cette logique que rien ne démonte, — cette logique qui, pour arriver à une déduction avantageuse, ne recule devant aucun argument à employer, — cet argument fût-il infâme, — fût-il repoussant.

« Seulement vous oubliez un point !...

« C'est que nous sommes deux ! C'est que, pour que les choses en restent où elles sont sans aller plus loin, deux volontés sont nécessaires et doivent être d'accord, — la vôtre et la mienne !

« Or, si vous ne voulez pas vous battre, je veux, — moi, — mettre l'épée au poing !

« Si vous n'avez pas intérêt à me tuer, j'ai intérêt, — moi, — à purger la société d'un bandit de votre espèce !

« Comprenez-vous ! »

M. Raymond toisa Lambert d'un regard dédaigneux.

— Si je suis un bandit, — répondit-il, — si je suis coupable envers vous de quelque mal dont j'ignore la portée, que ne vous adressez-vous aux lois ? Accusez-moi, je me défendrai.

— Mais, — s'écria Lambert avec véhémence, — tu sais bien, — infâme, — que la loi ne peut rien sur toi ! — Tu sais bien qu'une accusation contre toi est impossible, car, si tu as violé la justice, tu as su habilement conserver toute preuve de ton innocence.

— Donc, monsieur Lambert d'Arcourt, vous êtes un calomniateur !

— C'est ce qu'un tribunal me répondrait.

— Alors vous ne pouvez rien contre moi, et avouez que je serais bien fou, — n'ayant rien à redouter, — d'aller risquer ma vie pour le plaisir unique de vous être agréable.

« D'ailleurs, cette fureur de boire mon sang, que vous manifestez chaque fois qu'un hasard nous a mis en présence, est-elle bien sincère?

« Quand vous me tueriez demain, que feriez-vous ensuite?

« Et puis, qu'avez-vous, en réalité, à me reprocher? »

— Ce que j'ai à te reprocher, ! — s'écria Lambert.

— Est-ce la perte de votre fortune?

— Ma fortune?

— Ai-je abusé d'un faux titre pour vous dépouiller? Ma créance n'était-elle pas légale? La dette de votre père n'était-elle pas réelle? Est-ce ma faute, enfin, si M. d'Arcourt devait cinquante mille francs, et est-ce encore ma faute si, les intérêts ayant triplé cette somme, le remboursement vous a ruiné ?

« Il fallait plaider, si vous aviez des doutes !

— Je ne parle pas de la perte de ma fortune !

— De quoi voulez-vous parler ?

— D'Eulalie !

M. Raymond haussa les épaules.

— Depuis quand un mari offensé doit-il des explications à l'amoureux de sa femme ? — dit-il d'une voix railleuse.

— Quand ce mari n'est qu'un misérable lâche, qui joue une comédie infâme et qui ne se sert de son honneur conjugal que comme d'un moyen de commettre un crime !

— Assez ! — dit M. Raymond avec force, — moi seul suis juge de ma conduite !

— Eh bien ! — reprit Lambert, — la vérité ! Dis-moi la vérité et je cesserai de te poursuivre ! Cette femme était-elle réellement infâme ? — Était-elle ta complice ? — Était-elle ta victime ? — Étais-je, moi, sa dupe ou étions-nous tous deux les tiennes ?

— Les événements ne vous ont-ils pas mieux répondu que je ne saurais le faire ? — répondit froidement Raymond.

— Oui, — je sais que tout était contre elle, — que tout l'accusait... Mais elle t'accusait aussi, elle !

— Elle mentait !

— Les preuves ?

— Vous les avez eues !

— Mon Dieu ! — s'écria Lambert, dont le violent courroux paraissait tomber pour faire place à une anxiété poignante, — que croire?... que faire ?

Raymond le contempla un moment de son regard froid et scrutateur ; puis, faisant un pas vers Lambert :

— Il faut croire ce que vous avez cru tout

d'abord, — dit-il, — et ce qui est. Il faut faire ce que je vous ai conseillé déjà...

Lambert releva la tête.

— La misère, — poursuivit Raymond, — a-t-elle donc pour vous tant d'attraits que vous refusiez obstinément de vous en dépouiller?

Lambert frissonna de tout son être, et son visage devint d'une pâleur telle qu'on eût dit que la vie s'était subitement retirée de lui.

— Voulez-vous donc encore, — fit-il avec un accent rauque, et tandis que chaque parole sifflait dans sa gorge comme si elle s'y fût frayé un difficile passage, — voulez-vous donc encore, — répéta-t-il, me faire, à moi, la proposition ignoble que vous avez osé déjà m'adresser.

M. Raymond répondit par un signe affirmatif.

— Encore ? — s'écria Lambert.

— Toujours ! — répondit froidement l'autre, — car vous finirez par accepter.....

— Moi !

— Eh oui ! vous ! il le faudra bien ! La misère vous y contraindra ; et je ne vous cache pas, d'ailleurs, que j'y aiderai de tout mon pouvoir, car j'ai besoin de vous !

— Misérable ! — hurla Lambert.

D'un bond il fut sur Raymond, la main haute, le geste menaçant.

Raymond voulut reculer, mais il n'en eut pas le temps...

La main ouverte de Lambert descendit, plus rapide que l'éclair, et s'abattit sur la joue de Raymond qu'elle flagella du plus honteux affront, — celui qu'une blessure ne peut même venger, — que le sang ne lave pas, — que la mort seule de l'insulteur peut effacer à jamais.

Raymond poussa un cri de rage et leva sa canne.....

Mais une réflexion subite le retint. Il fit un pas en arrière, tourna sur lui-même, s'élança au centre du carrefour, qu'il traversa comme une flèche, et disparut dans la direction qu'avait prise précédemment sa voiture.

Lambert, demeuré seul, regarda rapidement autour de lui avec un sentiment d'étonnement inexprimable : il ne pouvait croire évidemment que celui qu'il venait de frapper eût pris aussi honteusement la fuite.

— Cordieu! — s'écria une voix forte, — voilà un maître lâche!

Lambert leva les yeux dans la direction d'où était partie la voix.

Un groupe de cavaliers était devant lui.

Sans doute, Lambert, emporté par la colère qui le dominait, n'avait pu entendre le bruit annonçant l'arrivée de la cavalcade; sans doute, au contraire, M. Raymond avait surpris ce bruit décelant l'approche de témoins à la lutte qui allait s'engager entre lui et Lambert.

Probablement peu soucieux, — lui, homme du monde élégant, — de se laisser surprendre en face d'un adversaire dont la condition apparente était des plus humbles, — M. Raymond avait préféré la honte de la fuite à celle du ridicule.

Les cavaliers avaient fait irruption dans le carrefour, au moment même où l'éclat du soufflet donné arrivait jusqu'à eux, et ils purent voir, en arrêtant brusquement leurs montures, fuir celui des deux adversaires qui emportait sur sa joue brûlante l'infamant stigmate laissé par les doigts de Lambert.

— Oui certes, — ajouta un second cavalier, — voilà ce qui s'appelle un lâche !

Celui qui avait parlé le premier poussait alors un cri de surprise :

— D'Arcourt ! — dit-il.

— Charles de Rueil ! — fit Lambert en reculant.

— Moi-même ! Le diable m'emporte si je

comptais te retrouver ici en telle circonstance.

— Tu as vu?...

— Et entendu!

Lucien sembla hésiter un moment, — puis, poussant son cheval en avant, il tendit la main à Lambert.

— Bonjour, d'Arcourt! — dit-il simplement.

Lambert répondit, avec un embarras manifeste, au geste amical de son ancien compagnon de classe.

— Qui viens-tu d'étriller là? — demanda Charles.

— Un drôle qui se nomme Raymond ! — répondit Lambert.

— Raymond !

— Je l'avais reconnu ! — murmura Lucien.

Puis, se penchant vers Charles :

— Lambert dîne ce soir chez toi ? — dit-il.

— Oui, — répondit M. de Rueil, — je viens de te le dire.

— Eh bien ! veux-tu me donner à dîner aussi, à moi ?

— Volontiers, mais Lambert a à me parler.....

— C'est précisément pourquoi je m'invite. Il faut maintenant que je cause avec lui, moi !

Charles fit un geste d'étonnement.

— Dîne avec nous, — dit-il.

XIX

Le repas.

A huit heures du soir, le salon du premier étage de l'établissement *des Capucins* resplendissait de lumière et palpitait d'entrain.

Toute la noce avait pris place depuis deux heures autour d'une vaste table.

On en était au commencement du dessert et l'on chantait depuis le potage.

Comme de droit, Adolphine occupait le centre de la table ; côté d'honneur.

A droite était madame Marescot, son estimable belle-mère, laquelle se trouvait tellement à l'aise à l'ombre du bosquet qui lui servait de coiffure, qu'elle n'avait pas voulu s'en débarrasser, même pour dîner.

A sa gauche, le respectable M. Buchené prenait une pose digne et s'occupait beaucoup plus de ce que lui servaient les garçons que de sa fille.

En face de la mariée, était le marié, raide sur sa chaise comme s'il eût été placé sur un pal, les coudes au corps afin de tenir le moins de place possible, et ayant ses gros yeux ronds immuablement fixés sur son assiette.

Depuis le commencement du repas, il n'avait ouvert la bouche que pour manger ou pour boire, — il n'avait fait d'autres mouvements que ceux strictement nécessaires pour porter à ses lèvres sa fourchette ou son verre.

Anténor s'était conduit, — au reste, — en vaillant convive, et il avait englouti plats sur plats avec une avidité digne d'un disciple de Pantagruel.

A ses côtés étaient mesdames Guilloché et Cuissard, l'une minaudant plus que jamais, l'autre lançant de temps à autre des *plaisanteries de circonstance*, auxquelles son charmant époux répondait avec une activité contribuant à exciter l'entrain général.

Madame Pingoin et mademoiselle Pigrillard venaient ensuite, séparées par M. Cuissard.

Puis les parents de campagne, après lesquels se trouvait M. Pingoin.

Guilloché, Jules, les autres garçons d'honneur, formaient un bout de table extrêmement bruyant, tandis qu'à l'autre extrémité les enfants se livraient à toutes les joies de leur âge, sous la présidence de M. et madame Actéon qui, n'osant pas encore se plaindre, se contentaient d'échanger des regards de douleur et de colère.

Adolphine, remise sans doute du malaise qu'elle avait ressenti durant la journée, était encore un peu pâle ; mais quoiqu'elle n'eût pas mangé, elle paraissait cependant plus calme.

Un vacarme joyeux régnait dans la salle, et, suivant l'expression consacrée : *la joie était dans tous les groupes.*

A la vue du dessert, monté et remonté sur une foule de ces abominables cartonnages que l'on ne trouve plus heureusement que dans les restaurants de sixième ordre, les enfants avaient poussé un concert de cris aigus, et toutes les petites mains s'étaient tendues vers les confiseries, les pâtisseries et les fruits glacés.

— Le champagne ! — avait crié Cuissard, — voilà le moment !

— Garçon ! le champagne ! — avait-on répété en chœur.

— Et une chanson ! — avait ajouté M. Guilloché.

Le mari de la pimpante marchande avait pour spécialité, dans les réunions où il allait, de célébrer *Comus* et *Bacchus* suivant les antiques usages.

M. Guilloché parlait beaucoup, mais il chantait davantage encore.

Non-seulement il chantait, mais il aimait à entendre chanter, et il faisait chanter les autres.

La chanson était le dada favori sur lequel il aimait à chevaucher durant tout un festin, et ce que M. Guilloché entendait par un *festin* était un repas commençant à cinq heures, et se terminant à minuit.

Jamais il ne se fatiguait d'être à table, et il y eût volontiers passé sa vie entière sans désemparer.

Dès que son estomac était satisfait :

— Une chanson ! — s'écriait-il.

Et il entonnait un refrain dont la composition musicale et poétique remontait au temps des Grecs.

Quand il avait achevé :

— A toi, mon épouse ! — disait-il.

— Mais... je ne sais plus chanter, — répondait madame Guilloché en minaudant, — je ne chante plus, moi.

— Chante donc, *poupoule !*

— Et qu'est-ce que tu veux que je chante ?

— Ce que tu voudras ! va ! nous t'écoutons.

Et madame Guilloché chantait.

Après madame Guilloché, c'était le tour

de *Dodofe*, le fils aîné de M. Guilloché, né de son premier mariage.

A *Dodofe* succédait *Liline*, fille de la seconde union du digne commerçant, et enfin venait le tour de *Bibi*, dernier fruit du troisième mariage.

Et tandis que sa femme chantait, que ses enfants écorchaient quelque air connu, M. Guilloché souriait, buvait à petites gorgées, battait la mesure de la main et de la tête, et son visage épanoui décelait tout le contentement intérieur que lui faisait éprouver ce concert de famille.

Puis, quand les siens avaient fini, M. Guilloché reprenait, — car il possédait un répertoire d'autant plus inépuisable, qu'il entonnait ou, pour mieux dire, qu'il détonnait toutes les romances sur le même air.

Enfin, quand toute la famille avait déployé ses talents, M. Guilloché faisait chanter sa voisine, puis son voisin.

Il fallait que tout le monde payât son tribut.

— Chantons ! — s'était donc écrié l'infatigable troubadour.

Et, tout aussitôt, il avait entonné un refrain que tous les convives avaient repris en chœur.

Cuissard, qui possédait la voix la plus aigre et la plus discordante de toute la société, couvrait le bruit de son soprano sur-aigu, et il s'accompagnait en cognant alternativement son verre et la table avec la lame de son couteau.

Madame Marescot suivait, du fond de son bosquet, cette pantomime joyeuse du nain vert-galant, et ses regards témoignaient une vague inquiétude.

— Il va casser son verre, ou couper la nappe, et on mettra cela sur la carte ! — murmurait-elle avec humeur.

En ce moment, les garçons apportèrent du champagne ou, du moins, une composition gazeuse prétendue telle.

Madame Marescot se pencha vivement en avant, et fourrant son bosquet sous le nez de la mariée, afin de se rapprocher du voisin d'Adolphine :

— Monsieur Buchené? — dit-elle.

— Quoi ? — fit celui-ci, en cessant de joindre sa voix au chœur général.

— Le champagne est-il compris dans le forfait pour le dîner ?

— Non ! — répondit Buchené.

— Alors, il se paye à part ?

— Sans doute. Il n'y a que le bordeaux qui ne se paye pas.

Madame Marescot se pencha en arrière, et

arrêta au passage le garçon qui portait les bouteilles de champagne.

— Combien allez-vous en déboucher? — demanda-t-elle.

— Six, madame! — répondit le garçon en s'arrêtant.

— N'en débouchez que deux! mettez les autres bouteilles sur cette table, derrière moi, que je les voie, et notez que je ne paye que celles que je dirai de déboucher...

Le garçon exécuta l'ordre donné.

— Du bordeaux! du bordeaux! — cria madame Marescot entre deux couplets et en s'adressant à ses convives. — Buvez donc! il y en a encore dans les bouteilles! Garçon!

n'emportez pas le bordeaux, ces messieurs en veulent !

— Fi ! du bordeaux ! — hurla Cuissard. — Du champagne ! ma belle voisine en réclame !

Et il se pencha vers Anastasie.

— Du dessert ! des gâteaux ! — crièrent les enfants.

— Vive la mariée ! — glapit Jules qui, faisant le simulacre de se baisser pour passer sous la table, se redressait en brandissant dans les airs un flot de rubans multicolores. — Voilà la jarretière !

— Je sais une chanson là-dessus ! — cria Guilloché.

Et il entonna une autre romance.

L'animation était alors à son comble.

Jules et les garçons d'honneur, s'armant de ciseaux et de couteaux, divisaient les rubans et les disposaient sur des assiettes.

Guilloché chantait et ses amis faisaient chorus.

Cuissard, — saisissant une bouteille de champagne et comprimant le liquide gazeux à l'aide de son large pouce qu'il avait appliqué sur le goulot, — Cuissard aspergeait l'assemblée entière.

Les dames criaient en se faisant un bouclier à l'aide de leurs serviettes, les hommes riaient, les enfants glapissaient.

— Qu'il est amusant, ce M. Cuissard ! — dit Anastasie à l'oreille de sa voisine.

— Prenez donc du dessert, les enfants ! — dit Pingoin à la troupe enfantine.

— Tout le dessert est-il compris dans le prix convenu ? — demanda madame Marescot à Buchené.

— Oui, — reprit celui-ci.

— Alors, prenez-en, mes enfants ! — dit madame Marescot. — Du dessert ! mangez donc tout le dessert ! il ne faut pas en laisser !

Le dîner touchait à son terme ; la moitié des convives s'étaient levés.

M. Guilloché chantait toujours, mais ses refrains se perdaient dans le tumulte général.

Jules avait décoré sa boutonnière à l'aide des rubans, et il courait de cavalier en cavalier, afin de leur faire partager les avantages de l'ornementation symbolique.

Les enfants montaient sur la table et pillaient les surtouts.

Les deux bouteilles de champagne étaient bues depuis longtemps.

— Il est l'heure que l'on prépare la salle pour le bal, — dit vivement madame Marescot qui craignait une attaque à ses bouteilles de réserve.

— Oui ! allons nous apprêter pendant qu'on préparera tout ! — ajouta madame Guilloché.

Les hommes s'étaient réunis dans un même groupe.

— Retournons-nous au café faire une partie ? — dit Pingoin.

— Ça va ! — répondirent les autres.

— Une idée ! — fit Cuissard. — Nous achèterons deux contremarques à la porte d'un théâtre et nous irons tous au spectacle à tour de rôle, en nous relayant.

— Convenu ! — s'écria Guilloché.

Adolphine avait quitté la table et, s'approchant de la fenêtre, elle appuyait son front contre la vitre en regardant au dehors.

Anténor s'était levé également, mais il n'avait pas fait un mouvement pour se rapprocher de sa femme.

Mesdames Cuissard, Pingoin, Guilloché et mademoiselle Pigrillard regardaient le marié, souriaient, chuchottaient, lui lançaient des coups d'œil ironiques et semblaient tirer les pronostics les plus étranges de sa manière gauche de tenir sa longue et étroite personne.

Les garçons, se précipitant vers la table, enlevaient le service avec un entrain superbe. Bientôt il ne resta plus que les tréteaux supportant le bois tout à l'heure surchargé des débris du festin.

Alors le préposé au balayage fit son entrée, son instrument à la main.

Un nuage de poussière s'éleva... Le *coup de balai* commençait!

— Voyons, Anténor! — dit madame Marescot en se rapprochant de son fils et en lui pinçant le bras de ses doigts maigres et secs, — qu'est-ce vous avez à demeurer là comme une grue! Tenez! vous me faites honte! Occupez-vous donc de votre femme! Quelle jolie idée elle doit avoir de vous!

Anténor balbutia quelques mots et se dirigea vers Adolphine.

Les hommes étaient tous retournés au café.

XX

Le bal.

A neuf heures, la salle entièrement débarrassée était transformée en salon.

Des lampes avaient été rajoutées et garnissaient les murailles : le gaz brillait dans toute sa splendeur.

Au fond du salon, on avait déposé sur le parquet une applique en planches sous forme d'estrade.

Trois musiciens, — un violon, un flageolet et un cornet à piston, — avaient pris place sur cette estrade et se livraient à des préludes capables de surexciter les nerfs les moins délicats.

Des banquettes de velours, — jadis rouge, — frangées de galons, — jadis dorés, — garnissaient les murailles et étaient garnies à leur tour par les invitées.

Il n'y avait absolument dans le salon que les femmes et les enfants.

Les femmes se prélassaient sur les banquettes : les enfants jouaient, couraient, dansaient, sautaient, cabriolaient au milieu du salon.

De temps à autre, — par la porte d'entrée demeurée ouverte, — on apercevait de nouveaux arrivants, s'arrêtant en face du vestiaire.

Les femmes se débarrassaient de leurs châles, de leurs manteaux; les hommes ôtaient leurs pardessus, puis les femmes entraient dans la pièce (seules, bien entendu, car les lois de la politesse étant absolument inconnues des cavaliers, aucun d'eux n'offrait son bras à la compagne qu'il avait amenée).

Les femmes entraient donc seules, en

personnes habituées à ne compter que sur elles-mêmes.

Les hommes passaient leurs têtes dans l'embrasure de la porte, jetaient un coup d'œil curieux à droite et à gauche, puis disparaissaient subitement et on ne les revoyait plus.

Où allaient-ils? Au café.

— Allons au café! — avaient dit après dîner les convives masculins de la noce.

Et tous étaient partis, retournant dans cet établissement hospitalier du *Méridien* où ils avaient passé déjà la journée entière.

— Si on nous demande, vous direz que nous sommes au café! — avait ajouté Guilloché avant de quitter le restaurant et en s'adressant à l'un des employés.

Les garçons d'honneur, tout fiers des rubans qui s'épanouissaient à leurs boutonnières, s'étaient empressés de redescendre sur le trottoir, promenant leurs décorations à la lueur des becs de gaz, fumant, causant, parlant haut, chantonnant, se livrant enfin à ce que l'on appelle *faire les hommes.*

Chaque groupe d'invités au bal qui survenait, montait au premier, s'arrêtait devant le vestiaire, puis, — ainsi que nous l'avons dit, — les femmes entraient seules.

— Où sont ces messieurs? — demandaient les hommes après avoir lancé leur coup d'œil dans le salon.

— Au café ! — répondait-on.

— Quel café ?

— Le *Méridien.*

— Sur le boulevard ?

— Oui.

Et les hommes, tournant sur eux-mêmes, laissaient-là leurs femmes et s'empressaient d'aller rejoindre leurs amis.

A dix heures, la noce était divisée en trois camps, séparés par un espace assez considérable.

Toutes les femmes et tous les enfants occupaient le salon, — les garçons d'honneur folichonnaient sur le trottoir, — tous les hommes étaient au café.

Une chose curieuse à constater, c'est l'influence du café, (ou du moins de l'établissement portant ce titre), sur les mœurs de notre époque.

Nous n'hésitons pas à le déclarer, — et nous défions ceux-là même de nos lecteurs qui ne partagent pas notre opinion de la contredire, — le café est l'éteignoir du bon goût, de la politesse, de l'esprit et de l'intelligence.

Bien entendu que lorsque nous disons ici : *le café*, — nous n'entendons pas parler du breuvage importé en France en 1669, par Soliman-Agah, ambassadeur turc envoyé près de Louis XIV, — mais seulement des établissements dans lesquels on confectionne et on absorbe une foule de boissons et de liqueurs, à la plus grande gloire de l'*insalubrité* publique.

A la fin du dix-huitième siècle, — ce malheureux siècle si calomnié, et auquel cependant nous avons successivement emprunté tous ses vices, dans ce qu'ils avaient de mesquin, et en ayant soin d'écarter ses qualités, — au dix-huitième siècle, on comptait seulement *six cents* cafés à Paris.

Mais on comptait plus facilement encore les cas de faillite dans le commerce, et les cas de séparation dans la bourgeoisie.

Aujourd'hui, le nombre des cafés, à Paris,

est réellement incalculable, la police correctionnelle voit ses cours encombrées par des demandes en séparation, et la quatrième page des grands journaux n'est pas vierge, un seul jour, de banqueroutes à enregistrer.

Eh bien! — quelque paradoxal que paraisse notre dire, — nous n'hésitons pas à croire que la progression des mauvais ménages, et des mauvaises affaires, est en raison directe de la marche progressive des cafés.

Et nous n'attaquons pas ici une seule classe de la société, nous les attaquons toutes.

Depuis l'*estaminet* borgne, où va s'enivrer l'ouvrier, jusqu'au *cercle*, où le jeu règne en maître, jusqu'au *club*, où la mode exige que l'on se montre, tout est relativement de même.

C'est une échelle qui a les pieds dans la fange et le sommet dans des nuages d'or, — dont chaque échelon est une progression vers le luxe, — mais qui, du premier au dernier, sont les uns aux autres ce qu'est l'*Hermitage* au vin d'*Argenteuil*, en passant successivement par tous les crûs du Maconnais, de la Bourgogne et des coteaux de la Loire.

En somme, c'est toujours du vin.

Et *club*, *cercles*, *cafés*, *estaminet* sont toujours des établissements créés pour protéger un même besoin de sans-gêne, de liberté, de passions à satisfaire, d'impolitesse et trop souvent de paresse.

A la rigueur, il faut admettre que, pour les célibataires, les voyageurs, les désœuvrés, ces établissements publics aient une sorte d'utilité, mais malheureusement la masse des consommateurs ne se recrute pas exclusivement dans ces trois classes.

Dans le monde élégant, jeunes gens et jeunes et vieux maris quittent la famille, leur femme, leurs enfants pour aller faire un whist ou une bouillotte au cercle ou au club.

On dirait que l'on fuit, — comme chose ennuyeuse, — la société des femmes. — De là ce progrès du manque de savoir vivre qui fait que si, au siècle dernier, tout le monde avait son chapeau à la main, de nos jours chacun l'a rivé sur sa tête.

Dans la bourgeoisie, — l'homme qui a vaqué toute la journée à ses affaires, — tandis que la femme s'occupait des siennes, — l'homme rentre dîner fatigué, soucieux, préoccupé.

Il mange rapidement, parle peu, bougonne sourdement, puis il prend son chapeau et il va... au café !

A-t-il dans la journée un moment de liberté, un instant où il veut oublier les soucis des affaires, un désir de distraction ? — il va au café.

Le dimanche il laisse sortir seuls sa femme et ses enfants, et il va au café.

Certes, nous savons bien qu'il n'y a pas de règle sans exception, et que ce que nous disons n'est pas *absolument* exact au point de vue d'*absolue* généralité ; mais enfin cela est vrai pour la majorité.

Le café, pour beaucoup d'hommes, est devenu un besoin impérieux, une nécessité première, une passion véritable qui fait tout sacrifier, tout oublier.

Et cependant, — messieurs, — raisonnons, s'il vous plaît. Quelle jouissance matérielle trouvez-vous à aller au café? Quel délassement intellectuel y rencontrez-vous?

Etes-vous mieux que vous ne le seriez chez vous dans ces salles enfumées, où vous ne respirez qu'un air abominablement vicié par la respiration de tous les consommateurs, par les émanations de tous les liquides servis, par les filtrations du gaz, par la poussière soulevée sous les pieds de la foule ?

Vous vous asseyez dans un coin sur une maigre banquette usée, — avec la muraille froide pour dossier, — ou sur un tabouret étriqué et sali.

Vous vous attablez devant un carré de marbre, que le garçon essuie avec un linge humide et gras.

On vous sert, — dans une vaisselle qui ressemble à la gamelle des matelots, — un breuvage plus ou moins coloré, — plus ou moins nauséabond, — préparé... comment? par qui?...

Un garçon, — qui a peut-être oublié les premiers soins de la propreté, — entasse avec ses doigts de petits morceaux de sucre, dont vous vous délectez ensuite.

Voulez-vous causer? — Vous avez pour confidents obligés de vos récits tous les inconnus qui vous entourent.

Voulez-vous lire? — réfléchir? — être seul avec vous-même? — Vous êtes troublé, tourmenté, inquiété par les rumeurs de vos voisins, par ceux qui entrent et ceux qui sortent, par les garçons qui courent sans cesse.

Votre journal favori ? — vous l'attendez une demi-heure, — si le lecteur qui l'a en main est expéditif.

Et quel profit intellectuel retirez-vous de cette gêne matérielle ?

Le billard, le double-six et le piquet ne sont pas réputés pour développer précisément les facultés de l'esprit.

Café pour *café*, ne vaut-il pas mieux prendre chez soi, — confortablement installé, — un breuvage préparé avec des *soins sérieux ?*

Et vos femmes, — messieurs, — que font-elles tandis que vous êtes au café !

Ou elles s'ennuient au logis, ou elles

prennent sans vous des distractions toujours dangereuses.

Quand une femme a pour mari un homme ayant l'habitude du café, — elle n'a que trois manières d'être : — triste, — indifférente, — ou gaie.

Si elle aime son mari, et que celui-ci ait la sottise de la délaisser pour le café, — elle boude, — elle se fâche, — elle crie (et elle a raison). De là des scènes, — des tracas, — des tribulations.

Si elle est indifférente, — c'est inquiétant.

Mais si elle est gaie!... diable!! Il n'est plus temps d'être inquiet.

Quand un mari va régulièrement au café,

— quand sa femme l'entoure de soins, — quand elle lui donne sa canne, son cache-nez et son chapeau pour qu'il parte plus vite...

Le mari peut bien mettre la canne sous son bras, son cachenez sur son cou, mais son chapeau !!... Le placer sur sa tête devient difficile quand l'impossibilité n'est pas absolue !

La femme qui envoie son mari au café lui fait un aveu tacite... *A bon entendeur, salut!*

Ceux-là ne se sépareront jamais,

Puis, c'est incontestablement au café que l'on fait les plus mauvaises connaissances,

— c'est là que l'on lie des parties, — que l'on prend des habitudes de flânerie et de paresse, — de jeu et de plaisir, — que l'on apprend enfin à s'amuser autrement que chez soi, dans sa famille, — où l'on continue, — étant marié, — les habitudes de la vie de garçon.

Mauvais ménage ou mauvaises affaires : tel est le choix pour ceux qui ont cette déplorable manie, et, — dans un temps donné, — il n'y a pas de milieu, — pas d'exception !

Et que l'intelligence trouve-t-elle dans les habitudes du café ? — Du bavardage toujours, — des mots quelquefois, — de l'esprit... on en boit, — cela suffit.

Prenez un homme intelligent, — heureux en ménage, — faisant de bonnes affaires, — condamnez-le à dix ans de café forcé, et il en sortira, ou complètement idiot, ou absolument ruiné, — ou ridiculement..... ma foi ! Molière a dit le mot, Paul de Kock l'a écrit après lui...

Devine si tu peux et choisis si tu l'oses !

. . . .

A dix heures, l'assemblée des femmes invitées au bal était donc au grand complet, mais, — à l'exception d'Anténor, assis auprès de sa femme, et qui ne lui disait pas un mot — il n'y avait pas un seul homme dans le salon.

Les instrumentistes faisaient toujours des accords.

— Ah çà ! — dit madame Pingoin, — où dont sont ces messieurs?

— Pardine — répondit madame Cuissard, — c'est bien malin à deviner ! — Ils sont au café.

— Et mon mari aussi ? — s'écria madame Actéon en bondissant.

— Probablement, ma chère !

— Tiens ! votre mari n'est pas plus *saint* que les autres !

— Eh bien, mais ! est-ce qu'ils vont nous planter là toute la soirée ?

— Ils nous ont déjà laissé aller promener sans eux...

— Est-ce qu'ils veulent que nous dansions toutes seules?

— Il faut les envoyer chercher!

Madame Pingoin courut à une fenêtre et l'ouvrit :

— Jules! — cria-t-elle.

— Quoi? — répondit le jeune garçon d'honneur en fumant un cigare, ce qui lui faisait faire d'horribles grimaces.

— Où sont ces messieurs?

— Au *café du Méridien!*

— Va les chercher !

— Tout de suite ?

— Oui ! Tu leur diras que nous les attendons !

— Et s'ils ne veulent pas venir !

— Tu ajouteras que nous irons les chercher nous-mêmes ! — dit madame Cuissard, qui s'était rapprochée de madame Pingoin.

— Venez ! venez ! — cria Jules aux autres garçons d'honneur.

Tous partirent comme des traits dans la direction du *café du-Méridien*.

Un quart d'heure s'écoula : — Jules rentra tout penaud dans le salon.

— Eh bien? — firent les dames.

— Ils ont dit qu'ils allaient venir tout à l'heure! — répondit Jules.

Un nouveau quart d'heure s'écoula : — ces messieurs ne revenaient pas plus que Malbroug ne revient dans la chanson.

— Jules! — vociféra madame Pingoin, — retourne me chercher Pingoin!

— Et Cuissard! — ajouta la grosse commère.

— C'est indécent de nous faire attendre ainsi! — murmura Anastasie.

— Et les musiciens qui ne font rien!

— ajouta madame Marescot, — on les payera cependant tout de même !

Jules revint une seconde fois, et déclara que ces messieurs l'avaient envoyé promener.

— Eh bien ! — dansons avec les enfants ! — dit madame Cuissard.

On donna le signal : le bal commença.

A onze heures et demie, on dépêcha Anténor, — le marié en personne, — faire une dernière sommation à ces messieurs.

Trois d'entr'eux se décidèrent à venir. Enfin, à minuit, — comme on fermait le café, — les autres cavaliers commencèrent à penser qu'il était temps d'aller rejoindre *les femmes.*

Comme ils faisaient irruption dans le salon, le bruit d'une voiture s'arrêtant subitement devant la porte du restaurant arriva jusque dans le bal.

— Qu'est-ce qui peut venir? — dit mademoiselle Pigrillard, en se penchant par l'une des fenêtres ouvertes.

— M. Raymond! — s'écria Buchené qui avait imité le mouvement de la demoiselle avec laquelle il dansait.

Au nom du riche personnage proclamé à voix haute, il y eut un mouvement général parmi les invités.

Adolphine était devenue très-pâle, mais faisant un effort sur elle-même, elle continua à danser.

M. Buchené s'était précipité au-devant de son propriétaire.

— Eh bien ! qu'est-ce qui lui prend donc? — dit Cuissard en le regardant sortir d'un air affairé, — on dirait qu'il va voir passer le bœuf gras !

Buchené rentra presque aussitôt.

S'effaçant lestement en se collant contre le chambranle de la porte:

— Monsieur Raymond ! mon propriétaire !! — cria-t-il à haute voix.

XXI

La confidence.

A l'heure où M. Raymond faisait son entrée dans la salle du bal et causait, par sa présence, une sensation parmi les danseurs et les danseuses, le cabinet de travail boudoir de la rue Neuve-des-Mathurins, — dans lequel nous avons déjà conduit précédemment le lecteur, — était occupé par trois des principaux personnages de notre récit.

Charles de Rueil, — d'abord, — le maître du logis, — mollement étendu sur un large divan, paraissait se recueillir profondément.

Dans un confortable fauteuil, se prélassait Lucien, — le cigare aux lèvres, — l'expression de la physionomie assombrie par le reflet de quelque pensée pénible.

Enfin, — assis devant une petite table sur laquelle voltigeaient des papiers épars, — Lambert d'Arcourt, — le visage enflammé, l'œil ardent, — en proie à une agitation profonde, — semblait être l'objet de l'attention extrême que prêtaient évidemment ses deux anciens condisciples.

— Enfin, — dit Lucien en secouant les cendres de son cigare, — ce que je vois de très-clair dans ton récit, c'est que tu devins amoureux de madame Raymond.

— Et que la belle Eulalie, — ajouta Charles, — te rendit amour pour amour.

— Ce qui faisait de toi un gaillard peu à plaindre, car madame Raymond était bien l'une des plus ravissantes créatures que les pays de l'équateur aient jamais envoyées en Europe.

— Oui ! — dit Lambert, — elle était belle !

— Fort belle même !

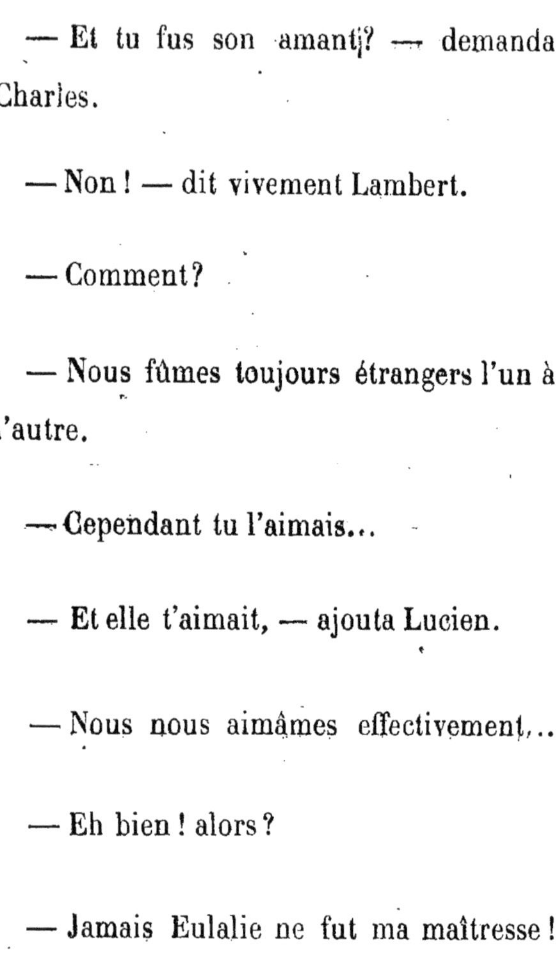

— Et tu fus son amant? — demanda Charles.

— Non ! — dit vivement Lambert.

— Comment?

— Nous fûmes toujours étrangers l'un à l'autre.

— Cependant tu l'aimais...

— Et elle t'aimait, — ajouta Lucien.

— Nous nous aimâmes effectivement...

— Eh bien ! alors ?

— Jamais Eulalie ne fut ma maîtresse !

Lambert prononça cette phrase d'une voix

tellement accentuée qu'il était évident que le doute ne put être admis.

Charles et Lucien se regardèrent.

Lucien se leva, — fit un tour dans la pièce, — et se rapprochant de Lambert :

— Voyons ! — dit-il d'une voix insinuante, — si nous avons été longtemps séparés durant les années de jeunesse, nous avons été assez liés ensemble durant celles de l'enfance pour que la franchise soit permise entre nous. — D'ailleurs, tu sauras tout à l'heure pourquoi il est indispensable que nous parlions nettement. — Tu dis que tu n'as été qu'amoureux de madame Raymond...

— Je le dis, et cela est ! — répondit Lambert.

— Et jamais cet amour n'a dépassé les bornes du platonisme ?

— Jamais.

— Tu en es sûr ?

— Très-sûr !

— Ainsi, ni toi, ni Eulalie n'avez rien eu de grave à vous reprocher ?

— Rien absolument.

— Ta parole d'honneur ?

— Ma parole d'honneur !

Lucien regarda attentivement Lambert, — puis, voyant clairement dans l'expression de la physionomie de son ami que celui-ci ne cherchait pas à le tromper :

— Alors, — dit-il, — ce M. Raymond est un infâme misérable !

— Pourquoi ? — demanda Charles.

— Pourquoi ? — répéta Lucien en se retournant.

— Oui.

— Parce que M. Raymond m'a dit, — à moi-même, — que Lambert, — ici présent, — avait été l'amant de sa femme !

— Il a dit cela ! — fit Charles avec dégoût.

— Il en avait menti ! — s'écria Lambert.

— Il a même ajouté, — poursuivit Lucien, — qu'il vous avait surpris *in flagrante delicto*, — ainsi que le dit si bien la loi, — que cet événement avait été la cause de sa séparation avec Eulalie, — que celle-ci avait voulu le fléchir, — qu'il l'avait repoussée, — et qu'enfin elle était allée, — je ne sais où, — mourir de douleur, de remords et de chagrin.

— Il t'a dit cela ? — fit Lambert en frémissant.

— Oui !

— Eh bien ! mais, — reprit Charles, — si cet homme a dit cela et qu'il ait affirmé une fausseté, il s'est rendu coupable d'une calomnie infâme, — ou peut-être s'est-il servi de cette calomnie comme moyen de...

— De mieux cacher un crime ! — interrompit Lambert.

— Un crime ?

— Oui !

— Quoi ! — fit Lucien, — tu l'accuses....

— D'avoir fait disparaître sa femme !

— Violemment ?

— Je le crois.

— Il l'aurait tuée! — dit Charles.

— Je le crains! et cependant une autre pensée me torture quelquefois l'esprit... Si Eulalie n'était pas morte! Mais non! elle n'est plus vivante!...

— Mais, - reprit M. de Rueil, — si ce Raymond est coupable d'un tel attentat, il faut dévoiler sa conduite.

— Comment? quelles preuves ai-je?

— Mais cette calomnie qu'il aurait répandue suffirait seule...

Lambert secoua la tête.

— Non! — dit-il.

— Cependant, songe donc! Un homme

dont la femme a disparu, — sans que cette disparition ait éveillé l'attention de la justice, — il est vrai, — mais enfin, le monde s'en est occupé, — cet homme va colporter des bruits injurieux sur cette femme, et donner à sa mort une cause qui n'est pas la véritable. Il me semble...

Lambert secoua encore la tête :

— Il pouvait dire ce qu'il a dit! — fit-il en soupirant.

— Comment?

— Il pouvait accuser sa femme!

— Elle était donc coupable?

— Non!

— Comment ! — s'écria Lucien, — il pouvait accuser sa femme, et celle-ci était innocente ?

— Oui !

— Qu'est-ce que tu nous racontes-là ?

— La vérité.

Lucien fit un geste de doute.

— Je vous le jure ! — s'écria Lambert.

— Alors, — dit Lucien, — je n'y comprends plus rien.

— Ni moi ! — ajouta Charles.

Lambert froissait ses doigts avec des mouvements fébriles.

— Vous ne comprenez pas, — reprit-il, — parce que je n'ai pas achevé ma confession entière.

Oh ! la honte m'a retenu jusqu'ici, mais il est temps que je parle. Il le faut !

Peut-être, — quand vous saurez tout, — me mépriserez-vous !

Peut-être, — quand la vérité jaillira lumineuse, — regretterez-vous d'avoir serré la main que je vous ai tendue...

Mais il faut que je parle... Il le faut !

Oui ! je boirai, jusqu'à la lie, le calice de douleurs et d'infamies... et lorsque je l'aurai vidé jusqu'à la dernière goutte... eh bien ! j'aurai une ressource encore, si celle que je sollicite de vous m'est refusée !

Le suicide est la consolation suprême des malheureux ! »

Charles et Lucien se regardèrent encore.

— Vous ne comprenez pas, — dit Lambert en faisant un effort pour calmer l'agitation qui ébranlait tout son être. — Vous allez comprendre !

J'aimais Eulalie, — je vous l'ai dit.

Elle m'avait inspiré, — par sa beauté, — sa grâce, — son esprit, — sinon une passion profonde et sérieuse, — au moins l'un de ces caprices impérieux qui entraînent un homme, lui font accomplir sottises sur sottises, et le jettent bel et bien dans un précipice dont il a eu le temps de sonder la profondeur, — mais dont, — le moment venu, — il n'a ni la force, ni la sagesse d'éviter l'approche.

M'aimait-elle sincèrement, — sérieusement?

Elle le disait, — mais cependant je n'en ai jamais eu de preuves certaines.

Elle était coquette, — excessivement coquette, — elle possédait, — au plus haut degré, — le don de charmer, et elle abusait, — je le reconnais, — de ces qualités de syrène dont l'avait douée la nature.

J'allais souvent chez son mari, — vous le savez.

Peu à peu notre liaison devint plus puissante et bientôt il se passa peu de jours sans que je ne dînasse à la table de M. Raymond.

Je voyais Eulalie presqu'à tous moments.

Souvent, — lorsque M. Raymond et son beau-frère étaient occupés, — je servais de cavalier à Eulalie, et nous sortions ensemble.

Une intimité très-graude résulta de ce rapprochement continuel.

M. Raymond et son beau-frère, — Julien David, — soit qu'ils ne vissent pas l'attrait qu'Eulalie et moi trouvions à être ensemble, — soit qu'ils fermassent volontairement les yeux, — M. Raymond et son beau-frère semblaient trouver eux-mêmes des prétextes pour nous procurer plus souvent ces dangereux tête-à-tête.

Bref, — de ces tête-à-tête si souvent renouvelés, résulta l'aveu mutuel d'un amour partagé.

Mais madame Raymond avait le droit de marcher tête haute, — je vous le répète.

Six semaines s'écoulèrent en échange de lettres, — de serments, — de protestations.

M. Julien David partit pour faire un voyage.

Cette absence augmenta encore les chances de réunions, qu'Eulalie et moi avions déjà.

M. Raymond semblait être complètement aveuglé par l'amitié qu'il me portait.

Il y avait alors huit mois que je connaissais la famille Raymond, — huit mois que j'avais soldé la dette laissée par mon père, — huit mois et quelques jours que j'avais protégé Eulalie, lors de ma promenade nocturne dans la rue d'Amsterdam.

J'avais continué à jouer à la Bourse, et les chances bonnes et mauvaises s'alternant dans mes opérations, j'avais pu vivre assez largement, sans avoir cependant augmenté le petit capital que je possédais.

M. Raymond me parlait souvent de mes affaires, et paraissait s'y intéresser vivement.

« Vous avez tort, — me disait-il, — de ne pas risquer un gros coup pour courir une bonne fois les chances de la fortune.

« La Bourse est un jeu, — jouez ! - soyez grand joueur ! Ceux-là seuls qui risquent beaucoup peuvent gagner beaucoup !

« A votre place, je voudrais posséder cent mille francs avant un mois !

« Végéter n'est pas vivre ! »

Ces pernicieux conseils ne flattaient malheureusement que trop mes goûts.

Je les écoutais et je ne trouvais pas assez de force en moi pour en combattre l'influence.

Entraîné peu à peu, — désireux de posséder la richesse, — pensant qu'une grande fortune achèverait de fasciner Eulalie, et vaincrait la résistance qu'elle m'opposait encore, — je résolus de risquer le tout pour le tout.

En agissant ainsi, — je le reconnais aujourd'hui, — je commettais une action blâmable, — repréhensible (bien que le Code ne la condamne pas), — car j'allais jouer plus que je ne possédais et par conséquent risquer de faire perdre (si la chance m'était défavorable) ceux qui avaient confiance en moi.

J'étais connu à la Bourse depuis plusieurs années et j'avais un crédit réel parmi les agents de change.

Aveuglé, — entraîné, — poussé par un mauvais génie, — je ne résistai plus, — je le répète, — et un beau jour, je tentai une opération énorme, relativement au peu que je possédais.

J'avais quarante mille francs à moi, environ, — je risquai d'en perdre cent mille!

— Et tu perdis? — dit Lucien.

— Non! je gagnai! — répondit Lambert.

— Peste! tu avais eu la main heureuse.

— Il eût mieux valu cent fois que je perdisse !

— Comment !

— Ce gain merveilleux était le signal de tous mes maux.

Mais alors je ne pensais pas ainsi.

Fou de joie, — je courus chez mes amis.

Eulalie était seule.

— J'ai gagné cent mille francs ! — lui dis-je.

— Eh bien ! — fit-elle vivement, — réalisez votre fortune et partez ! partez vite !

— Que je parte? — m'écriai-je avec étonnement.

— Oui !

— Pour aller où?

— Où vous voudrez !

— Mais...

— Quittez Paris.

— Moi ?

— Partez, ce soir même !

— Mais encore une fois, pourquoi ?

Et je saisis les mains d'Eulalie...

M. Raymond rentrait en ce moment, et notre conversation fut brusquement interrompue.

XXII

Les amoureux.

Lambert avait cessé son récit.

Charles et Lucien ne troublèrent pas son silence.

Charles avait écouté avec cette attention profonde, — cette bienveillance charmante qu'il avait témoignées le matin déjà à son ancien camarade de classe.

Lucien, — lui, — entendait la narration de Lambert d'Arcourt avec une expression d'intérêt plus marqué encore.

On eût dit qu'il fût personnellement touché par les événements qui allaient se dérouler dans les paroles de l'orateur.

Après quelques instants de silence, — Lambert reprit :

— M. Raymond savait que j'avais réalisé ce magnifique bénéfice.

Aussi, ses premiers mots furent-ils pour m'exprimer sa joie très-vive, — joie dont je ne pouvais douter, car elle éclatait sur son visage.

Il me serra les main, — me dit que cet événement heureux le touchait plus que s'il lui fût arrivé à lui-même, et il voulut à toute force que je restasse à dîner chez lui.

— Où est votre argent? — me dit-il.

— Chez moi, — répondis-je.

— Il n'y a pas de danger?

— Aucun, mon domestique, en qui j'ai toute confiance, ne doit pas sortir.

— Très bien. Demain, — si vous le voulez, — nous nous occuperons du placement de vos fonds.

Nous dînâmes gaiement.

— J'écrirai à Julien votre bonheur, et il en sera ravi autant que moi, — me dit Raymond.

Comme nous prenions le café, on apporta deux lettres.

Raymond en prit une et la décacheta.

— Ah ! — fit-il, — autre surprise heureuse. On m'envoie, — ou plutôt on envoie à ma femme, — une loge pour les Français. C'est pour ce soir, — nous sommes prêts, allons-y !

— Volontiers ! — dis-je.

— Je vais mettre un chapeau, — ajouta Eulalie en se levant.

Pendant ce temps, Raymond décachetait la seconde missive.

Il la parcourut rapidement des yeux, et son front se rembrunit.

Madame Raymond avait quitté la salle à manger pour aller procéder à sa toilette.

Raymond fit un geste d'impatience.

—Qu'avez-vous donc?—lui demandai-je.

— Une tuile! — dit-il.

Et il froissa la lettre qu'il tenait à la main.

— Une mauvaise affaire?

— Pas précisément.

— Une affaire grave, alors ?

— Oui.

— Qu'est-ce donc ?

— Une réunion pour une opération qui pourrait devenir désastreuse, et dans laquelle j'ai une partie de mes fonds engagés. Heureusement que j'ai un moyen de la rendre excellente de perdue ou à peu près qu'elle est aujourd'hui. Mais il ne faut pas que je manque cette réunion. Sans moi, il sera fait quelque bêtise irréparable.

— Qui vous empêche d'y aller?

— Ma femme !

— Comment?

— C'est pour ce soir.

— Eh bien?

— Eh bien! je viens de promettre de la conduire aux Français.

— Nous n'irons pas!

— Oh! vous ne connaissez pas Eulalie. Elle a un cœur d'or, mais une tête folle! Elle adore le plaisir. Quand je lui ai promis une distraction, il faut que, — toute affaire cessante, — je remplisse mes engagements, sinon, ce sont des pleurs, des bouderies, des criailleries...

— Mais je ne me suis jamais aperçu...

— Parce que je fais tout ce qu'elle veut!

— Alors, vous viendrez aux Français?

— Il le faut bien!

Et M. Raymond parcourut la pièce avec impatience.

— Une idée! — fit-il en s'arrêtant près de moi.

— Quoi? — demandai-je.

— Rendez-moi un service!

— Lequel?

— Consentez à conduire Eulalie au théâtre ce soir, et moi j'irai à ma réunion. De cette façon elle aura le plaisir promis, et moi je ne manquerai pas mes affaires !

Mais... — fis-je en hésitant.

J'étais au comble de mes vœux.

Depuis un moment, j'avais sur les lèvres cette proposition que me faisait M. Raymond, — mais je n'osais la formuler.

Je craignais qu'il ne vît dans mon empressement le désir de demeurer seul avec sa femme. Je craignais qu'il ne devinât mon amour.

— Eh bien ! acceptez-vous ? — me dit-il.

— Si madame consent à me prendre pour cavalier, — fis-je en hésitant encore.

— Elle consentira !

— Vous croyez ?

— Je vais la prier d'accéder à nos arrangements.

Eulalie rentrait toute prête.

Raymond lui expliqua brièvement ce dont il s'agissait, — vanta ma courtoisie, — se plaignit d'être toujours sevré de plaisirs, et décida sa femme, qui me sourit en baissant les yeux.

Puis, — tandis qu'Eulalie donnait quelques ordres à sa femme de chambre, — M. Raymond m'entraîna dans un angle.

— Un autre service ! — me dit-il.

— Accordé d'avance ! — fis-je en riant.

— Cette réunion pourra me retenir tard. Je ne serai pas libre avant une heure ou deux du matin, ramenez ma femme à pied, afin que vous rentriez plus tard. Lorsque je ne reviens au logis qu'au milieu de la nuit, Eulalie me fait des scènes horribles. Tâchez de ne pas rentrer avant une heure.

Pour toute réponse, je serrai traîtreusement la main à celui que je qualifiais alors de *brave mari*.

Bref, Raymond partit de son côté, et Eulalie et moi nous nous mîmes en route pour le théâtre.

Quelle soirée délicieuse je passai ! Oh ! jamais le souvenir de ces heures fortunées ne sortira de ma mémoire.

J'avais encaissé le matin même cent mille francs de bénéfice gagnés sans la moindre peine.

J'avais chez moi plus de cent quarante mille francs, — une fortune assurée, — ou tout au moins un point de départ solide pour arriver à la richesse.

J'étais auprès d'une femme adorable, — dont la beauté attirait tous les regards, — dont l'élégance faisait autour d'elle des jalouses...

Et cette femme, — enviée par tous, — je

l'aimais, moi! et elle m'avouait que cet amour touchait son cœur!

La soirée s'écoula dans un enchantement que je ne saurais dépeindre.

Nous n'écoutions pas les acteurs, — nous causions.

Jamais Eulalie n'avait été plus belle, — plus fraîche, — plus coquette, — plus séduisante.

J'étais sous le coup de l'un de ces entraînements auxquels un homme ne résiste pas.

Cent fois je lui répétai que je l'aimais et, chaque fois, je voyais un trouble adorable se peindre sur son gracieux visage.

A onze heures, nous quittâmes le théâtre, — Eulalie voulait marcher.

Me rappelant les recommandations de Raymond qui ne devait pas rentrer chez lui avant une heure ou deux du matin, — je proposai à Eulalie une promenade.

Elle accepta.

Tout ce que nous échangeâmes de phrases sentimentales et des serments d'amour suffirait pour écrire un volume.

— Passons! — dit Lucien.

— Le hasard, — poursuivit Lambert, — avait conduit nos pas vers la rue d'Amsterdam.

— C'est ici où je vous rencontrai pour la première fois ! — dis-je à Eulalie.

— Oh ! — fit-elle en frissonnant, — ne me rappelez pas ce souvenir !

— Pourquoi ?

— S'il vous était arrivé malheur en corrigeant ce rustre qui m'insultait.

— Eh bien ! j'eusse été blessé pour vous !

— Ne dites pas cela !

— J'en eusse été heureux !

— Monsieur Lambert !...

— Eulalie, — m'écriai-je en pressant son

joli bras passé sous le mien, — je vous aime !

Cet aveu, — que je lui avais fait très-souvent déjà, — parut produire sur elle une impression profonde :

— Oh ! — fit-elle en s'arrêtant, — nous sommes à la place où vous vous êtes battu pour moi, ignorant qui j'étais, et moi, — en échange de votre générosité, — je vous ai apporté la ruine !

— Cette ruine était une bonne action !

— Vous ne la regrettez donc pas ?

— Non, puisqu'elle m'a valu le bonheur de vous connaître.

Nous avions repris notre promenade, — Eulalie s'arrêta de nouveau :

— Lambert, — dit-elle en me prenant les mains, — pensez-vous sincèrement ce que vous dites?

— Oui ! — dis-je.

— Vous m'aimez?

— De toute mon âme !

— Sérieusement?

— Je vous le jure !

— Mon Dieu ! — fit-elle en chancelant et en joignant les mains.

— Qu'avez-vous? — m'écriai-je en la serrant dans mes bras.

— J'ai... que je vous crois!

— Eulalie!

— Mais c'est parce que je vous crois, Lambert, qu'il faut que vous partiez!

— Encore ce mot?

— Il le faut.

— Pourquoi?

— Je ne puis vous le dire!

— Mais je vous aime!...

— Et moi aussi je vous aime!

— Eulalie.

— Mon ami !... il faut partir !...

— Vous quitter ?...

— Il le faut !

— Jamais !...

— Je vous en conjure !

— Mais pourquoi ?

— Parce que je vous aime !

— Quoi! — fis-je avec emportement, — vous m'aimez, vous que j'aime plus que ma vie, vous m'aimez, vous me l'avouez et vous voulez que je choisisse ce doux moment d'un aveu que je payerais, — sans regret — de dix années de ma vie, — pour me séparer de vous, — pour vous fuir, — pour partir enfin !...

— Lambert ! il le faut !

— Mais pourquoi ?

— Parce qu'à Paris, un danger vous menace !

— Un danger ?

— Oui !

— Lequel ?

— Je ne puis parler !

— Et moi je ne puis partir !

— Je vous en prie !...

— Eh bien ! soit ! je partirai... mais partons ensemble !

— Partir ! — s'écria Eulalie en se redressant, — avec vous ?

— Oui ! je suis riche, — je vous aime, — partons ! nous irons où vous voudrez !

— Cela est impossible, mon ami !

— Pourquoi ?

— Mon mari...

— Vous ne l'aimez pas !

— Mais il m'aime, lui !

— S'il vous aimait, — vous laisserait-il ainsi, — et aussi souvent seule avec moi ?

Eulalie courba la tête.

— Partez ! — dit-elle, — ne m'en demandez pas davantage.

XXIII

Les amoureux (*suite*).

— Partir ! — m'écriai-je, — partir ! Jamais sans vous !

Eulalie semblait en proie à la plus violente agitation.

— Par pitié, — me dit-elle, — mon ami,

accédez à mes prières, partez ! — Quittez Paris aujourd'hui. — ce soir même, — sur l'heure.

— Eh bien ! -- fis-je tout à coup, — j'y consens !

Eulalie poussa un cri de joie.

— Vous consentez à partir? — dit-elle.

— Oui.

— Quand cela ?

— Cette nuit même.

— Sur l'heure alors ?

— Sur l'heure !

— Et vous irez?

— Où vous me direz de me rendre.

Eulalie me reprit les mains et les serra avec force.

— Allez en Allemagne! — dit-elle.

— J'irai!

— Vous me le promettez?

— Je vous le jure!

— Et vous vous mettrez en route?

— Dans quelques heures, — par le premier train.

Elle me regardait, en proie, — en apparence du moins, — à la joie la plus vive.

— Ainsi, — reprit-elle, — vous pouvez quitter Paris sans obstacles?

— Sans le moindre, — répondis-je.

— Vous n'avez d'adieux à faire...

— A personne!

— Vos affaires?

— Sont toutes arrangées. J'ai réalisé mon bénéfice. Toute ma fortune est chez moi. Je prends mes billets de banque et je pars. J'ai un passeport de cette année!

En parlant ainsi que je le faisais, — messieurs, — continua Lambert en changeant de ton, — je confesse que je jouais une comédie, — blâmable peut-être, — mais qu'excuseront, à coup sûr, tous ceux qui ont aimé et qui ont ressenti cette fièvre à laquelle l'homme amoureux est en proie alors que, — seul à seul, — avec la femme qu'il aime, — il se sent glisser à toute vapeur sur la pente entraînante de la passion.

J'avais bien l'intention de partir, mais j'aimais Eulalie et je voulais partir avec elle.

En agissant ainsi que je voulais le faire, ma conscience ne me reprochait rien vis-à-vis de M. Raymond.

D'ailleurs j'ai des principes, — larges peut-être, — mais que j'ai adoptés par la raison bien simple qu'ils sont basés, — non sur des mots, — mais sur des faits, — non sur des sentiments, — mais sur le bon sens.

Le possesseur de la femme que l'on aime ne peut jamais, — en aucun cas, — selon moi, — être un ami.

C'est un ennemi, au contraire, puisqu'il est un obstacle entre vous et le bonheur. — Donc vous pouvez le traiter en conséquence.

— Diable! — dit Charles en souriant. — Tu avais raison de nous prévenir que tes principes étaient larges, et je serais le mari d'une jolie femme que je te fermerais impitoyablement ma maison.

— Tu aurais tort si tu aimais ta femme et si elle t'aimait réellement.

— Cependant...

— Je comprends ce que veut dire Lambert, — interrompit Lucien. — Règle générale : un honnête homme ne doit jamais enlever la femme de son ami.

Mais, — comme toutes les règles, et plus que toutes les autres même, — celle-là a ses exceptions.

Certes, quand deux époux s'aiment tous deux, — sont heureux ensemble, — quand les liens qui les unissent sont resserrés encore par ces charmants chérubins aux cheveux bouclés, qui font l'espoir des vieux jours — quand la concorde règne dans le ménage.—quand l'union enfin est assortie, et calme et paisible, — l'homme qui vient essayer de jeter le trouble est un misérable et un infâme. — Celui qui agit avec préméditation est un lâche.

Il n'y a guère qu'un seul cas où l'excuse à la mauvaise action soit valable, — c'est celui où la passion commande en maîtresse.

L'homme qui aime réellement, — sincèrement, — ne peut résister à l'entraînement de l'amour. S'il faillit à son devoir, — ce n'est pas sa faute, — c'est celle de son cœur, — celle de la nature qui l'a créé faillible.

Cependant le monde condamne encore celui-là, et il a raison, car, — avant l'excuse que la passion vraie porte avec elle, — il y a, — il doit y avoir le respect de la famille.

Mais si l'homme que vous avez nommé votre ami, — dans l'acception banale de ce mot, — si cet homme, — qui vous est à peu près étranger, — dont le hasard vous a seul rapproché et dont une communauté de goûts, de manières de voir, a resserré les liens d'une affection basée sur une vague estime, — si cet homme et sa femme ne sont pas unis par un amour sérieux.

Si la nécessité, — l'habitude, — le respect de la loi les font seuls demeurer en présence...

Si le mari, — sans être précisément mauvais, — n'est pas bon cependant, s'il manque de soins, d'attentions, d'égards pour sa compagne..,

Si celle-ci subit un jong pesant... si elle n'est pas heureuse, — si elle est enfin, — ce que sont bon nombre de femmes sur cette terre, — l'associée et la servante de son époux...

Si les enfants ont été refusés à cette union stérile... si rien ne retient la femme au logis conjugal...

Le tiers qui arrive dans ce ménage, qui y est accueilli, fêté comme un ami par les deux époux, ne peut-il ressentir une amitié plus vive pour la femme que pour l'homme?

Que le mari, — comme cela arrive encore

journellement, — ne se montre ni inquiet, ni jaloux.

S'il témoigne l'une de ces *confiances* qui ne sont, — à proprement parler, — que *l'indifférence absolue...* s'il ne veille jamais ou qu'il ferme volontairement les yeux...

Quel est le coupable, quand une faute est commise?

Est-ce l'ami qui est entré dans la maison sans intentions mauvaises, et qui n'a obéi qu'aux circonstances, qu'à l'entraînement, qu'à ce sentiment enfin auquel le plus sage succombe en présence d'une femme jeune, jolie et séduisante?

Le coupable, — n'est-ce pas plutôt celui

qui ira se plaindre ensuite? celui qui aurait dû attacher à lui d'abord sa compagne, et veiller sur son bien au lieu de se montrer indifférent?

La loi, — et elle a raison en principe, — condamne l'*ami*, — mais la vraie morale doit condamner, — elle, — l'époux qui a mal compris son rôle.

Dans ce cas-là, — messieurs, — l'ami du mari, — qui devient plus encore celui de la femme, — est excusable à tous les yeux, et il fait, — à bon droit, — exception à la règle!

Et, d'après ce que je vois et ce que je sais, — notre ami Lambert était dans ces conditions-là!

— Cela est vrai ! — dit Lambert.

— Donc, — reprit Charles, — tu n'avais qu'une pensée : enlever madame Raymond ?

— Je l'avoue.

— Et elle se laissa enlever ?

— Non ! — dit vivement Lucien.

Lambert le regarda avec étonnement.

— Comment le sais-tu ? — fit-il.

— Je te le dirai tout à l'heure, — mais continue. — Tu en étais au moment où tu promettais à madame Raymond de lui obéir et de partir pour l'Allemagne.

— Quand Eulalie vit que j'accédais à ses

volontés, — poursuivit d'Arcourt, — elle me témoigna la joie la plus ardente sans cependant vouloir m'avouer le motif de cette joie.

— Vous partirez donc dans quelques heures? — me dit-elle.

— Oui, — répondis-je, — j'obéirai, mais à une condition.

— Laquelle?

— C'est que, comme il ne me reste que quelques instants à passer près de vous, — ces instants vous me les consacrerez tout entiers.

— Mais...

— J'obéis à cette condition seule !

— Cependant...

— Refusez ! je reste à Paris !

— Il faut que je rentre...

— Plus tard !

— Mon mari...

— Il m'a prévenu qu'il ne serait pas de retour avant deux heures du matin, et même il a ajouté qu'il me priait de ne pas vous ramener trop tôt...

— Il a dit cela ! — fit Eulalie en tressaillant.

— Oui.

— Mais je ne puis...

— Il est onze heures et demie à peine, — repris-je avec cette énergie entraînante qui qui ne nous fait jamais défaut en pareil cas, à nous autres hommes, quelle que soit d'ailleurs notre éducation. — Il est onze heures et demie à peine .. nous avons plus de deux heures de liberté...

— Mon Dieu, — dit Eulalie en cédant à la direction que j'imprimais à son bras. — Où voulez-vous donc me conduire?...

— Chez moi !

— Chez vous?

Je la sentis frissonner.

— Oh ! — ne craignez rien, — lui dis-je vivement. — Je n'obéis à aucun sentiment qui soit indigne de vous et de moi-même...

Mais si nous devons bientôt être séparés pour jamais, — peut-être, — il faut que je vous consacre, — Eulalie, — les derniers instants que j'ai encore à demeurer à Paris...

Il faut que vous m'accordiez cette grâce suprême de me laisser près de vous quelques minutes...

Eulalie ! songez donc !... il faut que je vous parle.

Où pouvons-nous aller à pareille heure ?

Chez vous ? — Cela est impossible, vos

domestiques nous verraient rentrer, — ils nous espionneraient, — ils médiraient très-certainement, car je ne puis vous rendre visite, — à minuit, — en l'absence de votre mari.

Devons-nous davantage demeurer dans la rue... errer sur la voie publique?... Mais on peut nous rencontrer, — nous reconnaître et vous serez également compromise...

Où vous conduire?... Dans un café? — un restaurant? — un hôtel?... mais ne serait-ce pas doubler toutes les mauvaises chances de compromettre votre réputation?...

Cela est impossible!.., Et cependant il faut que vous m'accordiez ces deux uniques heures qui nous restent!..

Venez chez moi, Eulalie !.... Que votre présence sanctifie à jamais ces lieux que j'ai habités, que vous avez traversés une fois déjà...

Vous n'avez pas craint jadis de venir, — seule, — chez moi... pourquoi redouteriez-vous aujourd'hui de m'accompagner ?...

— Lambert ! — dit-elle d'une voix émue, — la situation n'est plus la même.

— C'est juste ! — fis-je avec un sourire.

— Ah ! — s'écria-t-elle avec emportement, — je devine votre pensée et cette pensée est mauvaise ! Vous vous dites que si je suis venue jadis vous trouver, j'obéissais à un motif d'intérêt... tandis qu'aujourd'hui ce motif n'existe plus!...

— Eulalie!

— Vous avez pensé cela! — vous dis-je.

— Non! je n'ai pensé qu'à une chose : c'est que nous allions nous séparer et que je voulais, — jusqu'à la dernière minute, — puiser dans votre présence des forces nécessaires pour accomplir le sacrifice. Eulalie! — si vous repoussez ma prière... je ne vous promets plus, — moi, — d'accomplir le serment que je vous ai fait sous conditions!

Madame Raymond hésita encore, — réfléchit, — puis s'adressant brusquement à moi d'une voix de plus en plus émue :

— Vous me jurez sur votre honneur de partir ce matin même, si j'accède à votre prière? — dit-elle.

— Je le jure! — répondis-je.

— Alors... je consens!

Je serrai avec force son bras passé sous le mien et je l'entraînai sans ajouter une parole.

Mon cœur battait violemment dans ma poitrine.

Les sentiments, — que m'avait inspirés cette femme, — étaient alors développés au plus haut degré.

Eulalie était belle, — ainsi que Lucien

l'a dit, — et non-seulement elle était belle, mais encore elle était douée, dans toute sa personne, d'un charme infini, d'un je ne sais quoi qui fascinait et entraînait, — qui faisait vaciller le cerveau le plus froid et le plus solide.

— Cela est vrai, — dit Lucien, — cette créature avait quelque chose des propriétés de la syrène antique décrite par les poètes.

— En ce moment, — poursuivit Lambert, — j'aurais juré que l'amour que j'éprouvais pour elle n'était pas un caprice, — qu'il était sérieux, profond, sincère, et il me semblait que si je la décidais à fuir avec moi, j'assurerais le bonheur de ma vie.

La maison que j'habitais était proche.

En quelques minutes, nous en atteignîmes le seuil.

Eulalie n'avait pas prononcé un mot, mais je sentais, — sous mon bras, — l'agitation croissante de sa poitrine...

Quelques instants après.... nous étions chez moi. Minuit sonnait alors.

XXIV

Le flagrant délit.

— Peste ! — dit Charles de Rueil en souriant, — la situation se complique et il va falloir probablement employer les périphrases pour continuer ton récit, et, — suivant l'expression de l'un de nos poètes contemporains, — attacher à la phrase la *feuille de vigne* de rigueur.

Lambert secoua la tête.

— Je puis continuer sans tant de précautions, — dit-il, — car, — je vous le répète à tous deux, — Eulalie et moi n'avons rien à nous reprocher.

— Continue donc, mon cher !

— En entrant chez moi, — poursuivit Lambert, — je donnai l'ordre à Dominique, — mon valet de chambre, — de quitter l'appartement.

Eulalie était tremblante et je m'efforçai de la rassurer en lui témoignant le respect le plus profond.

— Pourquoi avoir exigé de moi que je vinsse ici! — dit-elle en me montrant les larmes qui inondaient son charmant visage.

L'impression pénible qu'elle éprouvait me fit mal.

— Doutez-vous de moi? — lui dis-je vivement et presque offensé. — Ne me croyez-vous pas un galant homme?

— Oh! je ne doute pas! — ajouta-t-elle.

— Alors, pourquoi ces larmes?

— Je ne sais... mais je souffre!

— Qu'avez-vous?

— J'étouffe!

Je m'empressai d'ouvrir une fenêtre et de lui faire respirer l'air pur de la nuit.

Puis je revins près d'elle et je m'agenouillai sur un petit tabouret à ses pieds.

Je lui pris les mains que je couvris de baisers :

— Eulalie ! — lui dis-je, — je vous aime !

— Taisez-vous, — fit-elle avec un sentiment de terreur.

— Pourquoi ?

— J'ai cru entendre...

— Quoi donc ?

— Du bruit dans la pièce voisine...

— Impossible. Il n'y a personne. Dominique a même quitté l'appartement.

— Je me serai trompée...

— Eulalie! — repris-je en m'efforçant de faire passer dans l'expression de mes paroles toute la tendresse dont débordait alors mon cœur, — Eulalie! que ferez-vous... quand je ne serai plus là?

Elle détourna la tête.

— Répondez-moi! — ajoutai-je.

— Hélas! — murmura-t-elle, — je souffrirai!

— Vous souffrirez?

— Oui !

— Oh ! de grâce ! répétez-moi ce mot !

— Non ! non ! — dit-elle en s'efforçant d'arracher ses mains que je retenais prisonnières. — Laissez-moi, Lambert ! J'ai eu tort de venir ici... Partons !... Reconduisez-moi !... Mon mari est peut-être rentré !...

— Pas encore !...

J'avais bâti tout un plan dans ma tête, — poursuivit Lambert en s'adressant à ses deux amis, — et de ce plan j'espérais une réussite complète.

Je voulais faire oublier l'heure à Eulalie, — la retenir près de moi jusqu'au moment où j'aurais la certitude que Raymond devait être rentré chez lui.

Alors la situation eût été tendue, — mais elle se fût dessinée nettement.

Retourner au domicile conjugal fût devenu pour Eulalie chose à peu près impossible.

Quel motif donner au mari pour expliquer ce retour tardif à trois heures du matin !

Je la plaçais entre la crainte d'une explication impossible, et l'amour que j'éprouvais pour elle, — celui que je croyais qu'elle ressentait pour moi, — la douleur enfin de notre séparation.

Sans être un Lovelace ni un don Juan de profession, — je devais, — si j'étais adroit, — triompher dans la lutte que l'amour allait entreprendre contre le devoir.

J'étais enivré ! — Sous le coup encore du bénéfice énorme réalisé le matin même, j'étais fasciné par la beauté d'Eulalie, entraîné par les sentiments qu'elle m'inspirait.

D'ailleurs, — je le répète encore, — je croyais l'aimer; — je l'aimais même, — et là était mon excuse.

Une femme d'une beauté ravissante, — cent quarante mille francs en portefeuille, — une indépendance complète !... Quel est l'homme qui, — à ma place, — n'eût pas tenté de s'assurer ces trois bonheurs ?

Aussi, essayai-je de faire passer dans l'âme d'Eulalie toute la tendresse, — toute la passion, — toute l'ardeur qui dévoraient la mienne.

Toujours à ses pieds, — ses mains dans

les miennes, — mes yeux sur ses yeux, — je m'efforçais de l'enivrer par le spectacle d'un avenir brillant, — rempli d'amour et de bonheur...

Eulalie m'écoutait.

Soit qu'elle n'eût plus la force de lutter avec elle-même, — soit qu'elle se laissât entraîner par mes paroles, — soit qu'elle obéît à l'affection qu'elle m'avait avoué éprouver, — elle était là palpitante, — anxieuse, — dominée...

Deux heures sonnèrent et le temps s'était écoulé avec la rapidité de l'éclair.

Le tintement de la pendule fit tressaillir Eulalie et la tira de l'espèce de torpeur magnétique dans laquelle elle était plongée....

— Deux heures ! — dit-elle en se levant vivement.

— Eulalie ! — fis-je en m'efforçant de la retenir.

— Deux heures ! — reprit-elle, — mon mari doit être rentré... Lambert ! il faut partir... il faut...

Elle n'acheva pas.

De la façon dont nous étions placés, —

Eulalie debout, — moi agenouillé devant elle, — je tournais le dos à la porte de la chambre.

Eulalie, me dominant de toute la hauteur du buste, avait — elle — cette porte placée précisément en face de ses regards.

Au moment où elle s'arrêta si brusquement dans sa phrase, — je levai les yeux sur elle.

Elle était pâle, — tremblante, — les paupières démesurément ouvertes, — semblable à une femme que le fluide électrique eût subitement frappée.

— Eulalie ! — m'écriai-je me relevant d'un bond.

Mais comme je tendais le bras vers elle pour la saisir, — elle pâlissait plus encore et retombait inanimée sur le fauteuil qu'elle venait de quitter l'instant auparavant.

Un bruit sec, — retentissant soudain derrière moi, — me fit rapidement tourner la tête.

La gueule menaçante d'un pistolet était à la hauteur de mon front.

Je demeurai muet, — foudroyé, — non de peur, mais de surprise.

M. Raymond était en face de moi...

A deux pas derrière lui... dans l'ombre de la chambre... je reconnus Julien David, son beau-frère, — le frère d'Eulalie, — celui que je croyais depuis longtemps en voyage.

Les deux hommes tenaient, — chacun de chaque main, — un pistolet tout armé.

Toute pensée de résistance eût été folie stupide.

D'ailleurs, Eulalie n'était pas coupable et je croyais n'avoir rien à craindre pour elle.

— Vous êtes l'amant de cette femme ! — dit froidement M. Raymond, en maintenant toujours à la hauteur de mon visage, son arme prête à faire feu.

— Votre femme n'a rien à se reprocher ! — m'écriai-je.

M. Raymond sourit dédaigneusement.

— Elle est innocente ! — dis-je encore.

— Moi, — mari, — dit-il d'une voix grave et sans cesser sa pantomime expressive, — je trouve à deux heures du matin ma femme chez un jeune homme ! — Qui donc oserait dire que cette femme soit innocente !

Elle est coupable! coupable à mes yeux et aux yeux de tous!...

Vous jurerez le contraire, — mais ce faisant, vous n'accomplirez que votre devoir.

Tout homme, à votre place, doit faire ce que vous faites!

Cependant n'espérez pas m'en imposer! — Cette femme est coupable! — Tout le prouve! — La loi est pour moi et je puis laver, dans son sang, la honte dont elle vient d'entacher mon nom!

— La tuer! — m'écriai-je.

— C'est mon droit !

Eulalie, — toujours évanouie, — ne pouvait rien voir, ni rién entendre.

— Oui ! — reprit Raymond avec emportement, — je pourrais la tuer, — mais je ne le ferai pas.

La tuer ! — la mort lui serait douce et elle ne souffrirait pas assez !

Celui que je vais tuer, — c'est vous !

Quant à elle... il lui faut la honte des tribunaux, — les tortures du jugement, — l'angoisse de la prison !

— Tuez-moi et épargnez-la ! — m'écriai-je, — car moi seul suis coupable!

— Julien ! — dit Raymond sans me répondre, — emporte cette femme !

Julien s'avança... Je voulus m'élancer, — mais le pistolet de M. Raymond, — changeant de direction, — s'abaissa sur Eulalie.

— Si vous faites un pas, — dit-il, — je la tue ! Songez que votre existence, à tous deux, est entre mes mains, — que j'ai pour moi la force, — le bon droit, — la loi ! Donc, rien ne saurait m'arrêter.

Julien ! emporte ta sœur !...

Je demeurais anéanti. — Raymond avait raison : je ne pouvais rien et il pouvait tout.

Le flagrant délit était existant en apparence, et Raymond avait effectivement pour lui la loi et le droit, comme il avait la force.

Julien saisit le corps inanimé d'Eulalie, l'enleva dans ses bras et traversa la chambre.

Au moment où il disparaissait dans la pièce voisine, — emportant son précieux fardeau, — je voulus encore m'élancer, — mais Raymond me retint violemment.

Julien avait refermé la porte.

Lorsque nous fûmes seuls, — M. Raymond abaissa froidement le canon de son pistolet.

— Causons ! — me dit-il.

Je le regardais avec stupéfaction.

Du geste il m'invitait à m'asseoir.

— Causons ! — répéta-t-il.

Puis, comme je ne répondais pas et qu'à mon air hébété il pouvait facilement deviner que je ne comprenais pas :

— Si j'avais voulu réellement me venger, ainsi que je l'ai dit, — reprit-il après un silence, — vous devriez comprendre que je ne me serais même pas donné la peine de vous expliquer mes intentions.

Je vous eusse tué tout simplement et j'eusse fait arrêter Eulalie, — votre complice...

— Quoi ! — fis-je avec une lueur d'espoir, — c'était un jeu ?

— Pas précisément. Je voulais établir la situation et vous en développer toute la portée, — portée que vous avez saisie si complètement, que vous n'avez pas trouvé un seul mot à me répondre.

Je dois vous prévenir encore, — avant d'aller plus loin, — que toutes mes précautions sont prises...

Dominique, — votre valet, — est à mes gages !

— Dominique ! — m'écriai-je.

— Dominique ! — répéta Charles, en interrompant Lambert. — Quoi ! ton domestique..,

— Avait été acheté par M. Raymond, —

répondit Lambert. — Il le servait en me servant.

Oh ! toute cette infâme comédie était habilement et audacieusement montée et je devais bien en être la victime !

— Après ? — demanda Lucien.

— J'écoutais M. Raymond, — reprit Lambert, — avec une indignation que je ne pouvais contenir, car je commençais à deviner le piége qui avait été tendu sous mes pas.

— Vous êtes à ma merci, — poursuivit le mari d'Eulalie, — et la vie de ma femme me répond en ce moment de ma propre tranquillité.

Je suis armé et vous ne l'êtes pas, — mais je dois vous prévenir que si, — par un moyen que j'ignore, — vous trouviez moyen de vous procurer subitement une arme et de me menacer à votre tour, — Julien tuerait sur-le-champ Eulalie.

Quant à vous, — vous seriez infailliblement pris et traîné devant les tribunaux.

Julien est là, — Dominique est sur le palier, — deux hommes à moi sont dans l'escalier.

Donc, vous auriez l'échafaud en perspective.

Maintenant que votre situation est bien tranchée, continuons !

— Inutile ! — dis-je avec un mouvement de dégoût, — je reconnais la justice de vos observations.

Je suis entre vos mains, — mais la lumière se fait enfin à mes yeux, — je devine tout.

Quel est le prix du drame que vous menacez de jouer ?...

— Eh ! eh ! — fit M. Raymond en souriant, — je crois que votre intelligence se développe. Vous commencez à entrer dans l'intrigue, et à prendre le rôle qui vous convient.

— Celui d'exploité !

— Je ne chicanerai pas sur les mots, — répondit le misérable avec un cynisme éhonté. — D'ailleurs, l'espèce humaine est divisée en deux grandes catégories : les exploiteurs et les exploités.

C'est aux gens d'esprit à savoir choisir la place qui leur convient.

— Quoi ! — dit Charles en interrompant

encore Lambert, — cet homme, ce Raymond, descendait à ce rôle abject !

— Ce drôle est encore plus infâme que je ne le croyais, — ajouta Lucien.

Et se levant pour se rapprocher de Lambert auquel il tendit la main :

— Pardonne-moi, — dit-il, — car, je l'avoue, j'ai jusqu'ici douté de toi, — mais je vois clair maintenant.

D'Arcourt regarda son ami sans paraître comprendre.

— Moi aussi, — continua Lucien, — j'ai été la dupe de ce Raymond !

— Toi ?

— Moi-même.

— Comment ?

— Je te le dirai plus tard, — mais, — pour le présent, — il ne s'agit que de toi, — continue !...

— Ma première pensée, — reprit Lambert, — fut pour Eulalie.

Si elle avait joué, — elle aussi, — un rôle

honteux dans cette comédie dont j'étais la victime !...

Cette idée me torturait l'esprit.

Aussi, — oubliant tout, — et ma propre situation, — et celle de l'infâme personnage que j'avais en face de moi :

— Dites-moi la vérité ! — m'écriai-je avec véhémence, — votre femme est-elle votre complice ?

Raymond sourit sans répondre.

— Est-elle votre victime, — elle aussi ? — poursuivis-je.

Il ne répondit pas encore.

— Répondez donc ! — m'écriai-je avec une sorte de rage.

— Il ne s'agit pas d'elle, — mais de vous ! — dit-il enfin. — Asseyez-vous ! je vous ai prévenu que nous avions à causer !...

FIN DU DEUXIÈME VOLUME.

TABLE

DU DEUXIÈME VOLUME.

Sceaux, imprimerie de E. Dépée.

NOUVEAUTÉS TERMINÉES.

LES

COMPAGNONS DE LA TRUFFE

Par **PAUL DE KOCK.** — 5 volumes.

(Ouvrage entièrement inédit.)

LES MISÈRES DORÉES

Par le Marquis DE FOUDRAS. — 4 volumes.

L'HOTEL DE NIORRES

Par ERNEST CAPENDU. — 6 volumes.

FRAGON & CIE

Par PAUL BOCAGE. — 5 volumes.

L'HÉRITAGE MAUDIT

Par HENRY DE KOCK. — 5 volumes.

Sceaux, typographie de E. Dépée.

www.ingramcontent.com/pod-product-compliance
Ingram Content Group UK Ltd.
Pitfield, Milton Keynes, MK11 3LW, UK
UKHW021100220726
13924UKWH00005B/2164